Éditeur
SCOP SARL à capital variable
La Maison écologique
9, rue de la Bégassière
35760 Montgermont

Magazine trimestriel numéro 67
Printemps 2023 (avril-mai-juin)
www.kaizen-magazine.com

Directrice de la publication
Nadia Guillaume

Rédacteur en chef
Pascal Greboval

Rédactrice en chef adjointe
Sabah Rahmani

Secrétaire de rédaction
Emmanuelle Painvin

Directrice artistique
Marion Elbaum

Journaliste multimédia
Alicia Blancher

Community manager
Charlotte Peyrethon

Responsable développement produits
Julien Viot

Chargées de relation client
Camille Le Chevallier et Virginie Herbot

Assistante comptabilité
Margaux Jouenne

Abonnements et commandes
4, rue Pierre Anne
14000 Caen
abonnement@kaizen-magazine.fr
02 31 52 20 49

Photo de couverture
© Shutterstock/N-sky

Impression
Imprimerie SIEP
ZA des Marchais - Rue des Peupliers
77590 Bois-le-Roi

SIRET : 438 943 235 000 61 • APE : 5814Z
Commission paritaire : 0324 K 91284
Numéro ISSN : 2258-4676
Dépôt légal à parution

Régie de publicité et distribution dans magasins spécialisés
AlterreNat Presse • Tél. : 05 63 94 15 50

Distribution
MLP

Vente au numéro pour les diffuseurs
Destination Média • Tél. : 01 56 82 12 00
contact@destinationmedia.fr

Origine du papier : Allemagne
Taux de fibres recyclées : 0 %
Ptot : 0,017 kg/t

Pour les abonnés : une relance de fin d'abonnement

Pour une partie des abonnés : bulletin d'abonnement Biodynamis

Édito

Nouvelles pages

Pascal Greboval, rédacteur en chef

Comment prenez-vous vos décisions ? Par envie ? Par contrainte ? Un peu des deux ? Sur un coup de tête ? Vous pouvez répondre aussi que ça dépend du type de décision, et du contexte.
Entre un choix individuel et une décision impliquant un collectif, ce n'est pas tout à fait le même enjeu.

Car décider, c'est parfois prendre un risque, surtout pour celle, celui qui doit assumer cette décision. Mais ne pas décider, c'est aussi parfois prendre un risque.
Alors, je ne vais pas vous résumer tout le processus de décision à l'œuvre chez *Kaizen* ces derniers mois, mais nous avons pris le parti de changer la périodicité du magazine.
Avec ce numéro, nous passons donc en trimestriel.
Longtemps, dans « l'écosystème écolo », le débat a fait rage entre adaptation et atténuation, pour faire face au dérèglement climatique. En changeant la fréquence de parution, nous conjuguons les deux. Nous nous adaptons à la conjoncture économique, difficile pour la presse en raison de très fortes augmentations des coûts du papier et de la distribution, et aux nouvelles habitudes multisupports de lecture des Français·es. Et nous atténuons, ralentissons le rythme, pour étoffer, creuser davantage nos articles et vous offrir du temps de lecture supplémentaire, à savourer longuement.

Comme toute décision collective, on ne va pas se mentir, elle fut complexe. Mais une fois la décision prise, nous avons été portés par un élan créatif, enthousiaste, pour bouger les lignes, changer la maquette, imaginer de nouvelles rubriques…
Bref : nous faire plaisir et, surtout, VOUS faire plaisir, en répondant davantage à vos attentes, vos besoins et vos usages. C'est donc avec une immense joie que nous vous présentons notre nouvelle formule trimestrielle.
Une page se tourne. Nous espérons que vous aurez plaisir à la tourner avec nous, en lisant et partageant autour de vous ce nouveau *Kaizen*.

Portez-vous bien,

Pascal et toute l'équipe

Sommaire 67

PRINTEMPS 2023
AVRIL - MAI - JUIN

AGRI-CULTRICES... ET FIÈRES DE L'ÊTRE !

Aujourd'hui, en France, un quart des exploitations agricoles sont dirigées par des femmes. L'équité n'est pas atteinte et la culture patriarcale reste bien ancrée. Même les productions ont un genre ! Pourtant, plus en phase avec les attentes des consommateurs, les femmes sont aussi celles qui font évoluer le métier.

© Nenad Rakicevic - Christophe Grilhé - Alana Sousa

Bonnes nouvelles !

Hausse de la pratique du vélo

En 2022, les trajets à vélo ont augmenté de 8 % par rapport à 2021 en France et de 31 % par rapport à 2019, l'année de référence avant la pandémie de Covid-19, a dévoilé le réseau Vélos & territoires dans son dernier bulletin. Cette hausse a été particulièrement importante en milieu urbain, comme dans les agglomérations de Dunkerque (+20 % entre 2021 et 2022), Strasbourg (+18 %) et Grenoble (+17 %). La fréquentation y est globalement plus conséquente sur les jours de la semaine, signe d'un attrait grandissant pour le vélotaf [lire page 121].

LES TRAJETS À VÉLO ONT AUGMENTÉ DE 8 % EN FRANCE.

Reconstitution de la couche d'ozone

Selon un rapport publié le 9 janvier 2023, la couche d'ozone, barrière protectrice qui filtre les rayons UV provenant du soleil, devrait entièrement se rétablir dans les quatre décennies à venir. On doit ce succès au Protocole de Montréal signé en 1987 et à l'interdiction, qui en a découlé, de substances chimiques, telles que le brome et le chlore, aussi responsables du réchauffement climatique. Rien qu'aux États-Unis, le protocole devrait permettre d'éviter plus de 400 millions de cancers de la peau d'ici à la fin du siècle.

Interdiction définitive des néonicotinoïdes

Ces insecticides « tueurs d'abeilles » sont illégaux dans l'UE depuis 2018, en raison de leurs impacts sur l'environnement et la santé. Pour autant, le gouvernement français avait réautorisé leur emploi en 2021 et 2022 pour aider les betteraviers dont les cultures étaient touchées par le virus de la jaunisse. Après un rappel à la loi de la Cour de Justice de l'UE (CJUE), le 19 janvier 2023, Marc Fesneau, ministre de l'Agriculture et de la Souveraineté alimentaire, a annoncé qu'il ne signerait pas de nouvelle dérogation pour l'usage des néonicotinoïdes.

AUCUN NOUVEAU PERMIS PÉTROLIER OU GAZIER NE SERA ACCORDÉ EN COLOMBIE.

La Colombie n'exportera plus son pétrole

C'était l'engagement de campagne du nouveau président colombien Gustavo Petro, investi en août 2022. À l'occasion du Forum économique mondial (FEM) de Davos, en janvier 2023, la ministre des Mines et de l'Énergie, Irene Vélez, a confirmé que plus aucun nouveau permis pétrolier ou gazier ne serait dorénavant accordé en Colombie. Au nom de la lutte contre le réchauffement climatique, ce pays d'Amérique du Sud sera sans doute le premier pays producteur de pétrole au monde à cesser d'exporter ce combustible fossile, qui représentait pourtant 40 % du total de ses exportations.

Fin des emballages jetables dans les fast-foods

Depuis le 1er janvier 2023, les enseignes de la restauration rapide accueillant plus de vingt clients doivent avoir abandonné vaisselle et emballages à usage unique lors des repas sur place. Mesure phare de la loi anti-gaspillage pour une économie circulaire (Agec) de 2020, elle devrait éviter « près de 130 000 tonnes de gobelets et d'emballages » jetables. Les enseignes qui ne respecteraient pas l'interdiction – elles sont encore nombreuses, selon l'association Zero Waste – encourent des sanctions, et notamment des amendes pouvant aller jusqu'à 15 000 euros en cas de récidive.

Bonnes nouvelles !

Stop à un projet de mine de charbon en Australie
En raison de l'impact qu'il aurait eu sur la Grande Barrière de corail, considérée en péril par les experts de l'Unesco, un projet d'ouverture de mine de charbon a été avorté en Australie en février 2023. C'est la première fois qu'une telle décision est motivée par une loi de protection de l'environnement et de la biodiversité, pourtant adoptée il y a vingt-deux ans. Ce choix gouvernemental, ce précédent, pourrait remettre en cause bien d'autres projets de la sorte.

Un « ticket binational » France-Allemagne
À l'occasion des 60 ans du Traité de l'Élysée, qui scella la réconciliation entre la France et l'Allemagne, les deux États ont décidé d'instituer à l'été 2023 un « ticket binational », à l'instar de l'Eurostar ou du Thalys, pour les jeunes, dont 60 000 exemplaires seront gratuits. Les modalités seront prochainement précisées par les gouvernements. Paris et Berlin ont également réaffirmé leur soutien au développement en 2024 d'une liaison ferroviaire directe à grande vitesse entre Berlin et Paris ainsi qu'un train de nuit reliant les deux capitales européennes. Vous avez 27 ans ou moins ? Vous pouvez aussi bénéficier d'une réduction jusqu'à 25 % sur les Pass Interrail, qui permettent de voyager en train de façon illimitée, de quatre jours à trois mois, à travers l'Europe.

60 000 BILLETS DE TRAIN FRANCE-ALLEMAGNE GRATUITS

Interdiction du pesticide S-métolachlore
Le S-métolachlore, l'un des herbicides les plus utilisés en France, principalement pour le maïs et les cultures de tournesol et de soja, va être retiré du marché, a annoncé en février 2023 l'Agence nationale de sécurité sanitaire de l'alimentation, de l'environnement et du travail (Anses). L'organisme a mené une expertise sur le risque de contamination des eaux souterraines par le pesticide herbicide, et les résultats ont indiqué des « concentrations estimées supérieures à la limite de qualité fixée par la législation européenne ».

Un accord historique sur la protection de la haute mer
Après plus de quinze ans de discussions, les États membres de l'ONU ont annoncé le 4 mars 2023 la signature du premier traité international de protection de la haute mer. Celle-ci commence là où s'arrêtent les zones économiques exclusives (ZEE) des États, et n'est donc sous la juridiction d'aucun pays. Elle représente plus de 60 % des océans, mais a longtemps été ignorée dans les luttes environnementales, au profit des zones côtières. Le traité permettra notamment la création d'aires marines protégées dans ces eaux internationales.

QUOI DE NEUF CHEZ *KAIZEN* ?

Débat inédit entre Jean-Marc Jancovici et Yves Marignac « Quelles solutions pour remplacer les énergies fossiles ? »

Pour la première fois, les deux experts de la transition énergétique, Jean-Marc Jancovici et Yves Marignac, ont débattu pendant 1 h 45, lors d'une rencontre animée par *Kaizen*. Le fondateur du Shift Project et le porte-parole de négaWatt ont échangé entre autres sur la nécessaire sobriété, le choix entre nucléaire et énergies renouvelables et les processus de décision à l'échelle de la nation. Un débat à ne pas manquer sur notre chaîne YouTube via ce code QR.

***Ralentir*, une série multimédia sur notre rapport au temps**
Perdre son temps, gagner en efficacité, être plus productif… On a souvent l'impression de courir après le temps. Face aux vertiges de l'accélération, « ralentir » devient un mot d'ordre inspirant et peut s'inscrire comme un choix politique fort, pour les personnes qui se permettent quelques arythmies. Comment répondre à la pression de l'immédiateté du monde numérique ? Comment prendre son temps pour voyager ? Comment ralentir en ville ? Dans une enquête multimédia en quatre épisodes, *Kaizen*, le média breton KuB et Les Champs Libres (Rennes), ont questionné le tempo de nos vies. Des vidéos, des podcasts et des photos à découvrir via ce code QR.
ralentir.tv

© Shutterstock/superjoseph

COMPRENDRE.

« Comprendre, c'est pardonner. »
Madame de Staël

Propos recueillis par **Pascal Greboval et Sabah Rahmani**
Photo par **Ulrich Lebeuf/MYOP**

Comment renouer avec la liberté, l'autonomie et l'écologie dans nos sociétés hyperindustrielles ? Tels sont les thèmes au cœur des réflexions du philosophe Aurélien Berlan, maître de conférences à l'université Toulouse-Jean Jaurès, jardinier à ses heures et adepte de la vie à la campagne. Alors que les crises rythment nos quotidiens, l'auteur de *La Fabrique des derniers hommes* (2012) et de *Terre et liberté* (2022) nous invite à repenser notre mode de vie.

AURÉLIEN BERLAN

« L'autonomie n'est jamais individuelle »

BIO EXPRESS

1976
Naissance à Paris

2008
Thèse de doctorat en philosophie à l'université Rennes 1, puis installation à la campagne

2014
Engagement dans la lutte contre le barrage de Sivens et le mouvement des Zad

2017-2021
Vie en yourte

2022
Maître de conférences en philosophie à l'université Toulouse-Jean Jaurès

Qu'entendez-vous par « dépossession » ?

La dépossession désigne une perte d'autonomie. Nous ne sommes plus capables d'agir et de faire par nous-mêmes, car nous n'avons plus prise sur nos conditions de vie. Sur les plans politique, écologique et même existentiel, cette problématique est liée à l'histoire et à l'organisation du monde industriel, dominé depuis la révolution industrielle par trois « puissances sociales » entrées en synergie : le capitalisme, l'État bureaucratique et la science organisée. Ce triumvirat a mis en place des formes de domination et d'aliénation inédites, caractéristiques des « sociétés industrielles ».

Par cette expression, de nombreux intellectuels, de droite comme de gauche, ont souligné que les deux régimes concurrents, le capitalisme et le communisme, allaient dans le même sens : des deux côtés du rideau de fer, on retrouvait la même ambition folle d'efficacité économique, de productivisme, de maîtrise technologique de la nature, de conquête spatiale, etc. Ils ont tous deux abouti à un même type de perte de liberté, liée à notre dépendance au système industriel pour la couverture de tous nos besoins : se nourrir, se loger, se soigner, éduquer ses enfants, naître, mourir, etc. On devient tributaire de technologies et de grandes organisations bureaucratiques sur lesquelles on n'a aucune prise, et qui se mettent à gérer notre vie à notre place.

La seule différence entre les deux régimes, mais elle est de taille, est que dans le monde soviétique, en plus de la perte d'autonomie matérielle, il n'y avait aucune liberté politique au sens des libertés publiques fondamentales. Mais la convergence entre les deux régimes, même sur ce point, se manifeste dans le fait qu'aujourd'hui ces libertés publiques sont aussi remises en question dans nos sociétés. La Chine s'est convertie au capitalisme, et nous nous rapprochons du modèle chinois...

Cette convergence est liée à ce que vous analysez dans *Terre et liberté* :le partage par les libéraux et les marxistes d'une même conception de la liberté, « le rêve industriel de délivrance ». C'est-à-dire ?

Dans votre livre *La Fabrique des derniers hommes*, vous revenez sur le concept de « crise », qui, à l'origine, désignait « un moment crucial, un dénouement ». Vous dites qu'elle est devenue notre quotidien, le cours normal des choses. En quoi peut-elle aussi être une opportunité de changement créatif ?

Une crise peut devenir créative si elle est l'occasion de prendre conscience des problèmes posés par une situation et si l'on a encore suffisamment de marges d'action pour la transformer.

Malheureusement, lors de la dernière grande crise, celle provoquée par le Covid, nous avons certes pris conscience de notre dépendance démesurée envers l'économie mondialisée, mais nous n'avons pas réussi à en sortir, ni même à la minimiser. Souvenez-vous du premier confinement : pendant trois mois, on a refait le monde, on a imaginé revaloriser les métiers de première nécessité, relocaliser les activités essentielles, créer une société écologique, etc. Mais de toutes ces bonnes résolutions, il n'est rien resté, et le « monde d'après » s'est révélé être le même qu'avant, en pire.

Pourquoi ? Parce qu'on a depuis longtemps passé un seuil de dépossession qui fait que, même si l'on a plein de bonnes idées, cela n'a aucun impact sur le cours des choses.

> **« Le capitalisme et le communisme ont tous deux abouti à un même type de perte de liberté, liée à notre dépendance au système industriel pour la couverture de tous nos besoins. »**

Le libéralisme définissait la liberté par l'inviolabilité de la vie privée. Dans le monde dit « libre », il ne devait pas y avoir de police politique, comme la Stasi ou le KGB, qui avait le droit de lire le courrier de n'importe quel citoyen ou de le mettre sur écoute. En réalité, ces pratiques existaient, comme l'affaire du Watergate l'a montré, mais elles n'étaient pas généralisées comme dans le bloc de l'Est.

Or, cette inviolabilité de la vie privée a complètement disparu aujourd'hui. Depuis les révélations de Snowden, on sait que les États dits « ultra » ou « néolibéraux » pratiquent des formes de surveillance de masse qui auraient fait rêver n'importe quel dictateur communiste. Pour autant, nous continuons à nous sentir libres. C'est que la liberté signifiait pour les libéraux quelque chose de plus fondamental que l'inviolabilité de la vie privée. Elle supposait d'être délivré d'un certain nombre de tâches matérielles liées à notre subsistance quotidienne, jugées pénibles, routinières, voire oppressantes et dégradantes : produire ses aliments, construire sa maison, faire le ménage, la vaisselle, etc. Pour le dire brutalement : aux yeux de la plupart des penseurs libéraux, qui étaient des grands bourgeois, être libre impliquait implicitement d'avoir des domestiques à son service.

Or, le seul théoricien ayant explicitement défendu l'idée que la liberté suppose le dépassement de la « nécessité », c'est-à-dire du travail dicté par les besoins primaires, c'est Karl Marx. Pour lui, la liberté s'identifiait au temps libre et impliquait de réduire au minimum le travail nécessaire pour se nourrir, se loger, se chauffer, se vêtir. Voilà pourquoi il était tellement fasciné, encore plus que les libéraux, par le développement industriel et technoscientifique : c'était la condition pour que tous les humains, et pas seulement les aristocrates et les grands bourgeois, vivent délivrés des nécessités de la vie quotidienne, en les « sous-traitant » non à des serviteurs ou des esclaves, mais à des robots ou des machines.

« L'antidote au fantasme de délivrance, c'est de se rendre compte qu'il y a quelque chose de tout à fait plaisant au fait de produire en partie notre subsistance. »

Mais compte tenu des limites de la planète, ce rêve de délivrance universelle est un fantasme. Et sa réalisation n'est même pas souhaitable. Car être délivré des nécessités matérielles de la vie quotidienne signifie être délivré de tout ce qui concerne notre vie corporelle, donc de notre condition terrestre et de la vie elle-même. La quête de délivrance se traduit par un mode de vie de plus en plus coupé de la nature, de plus en plus médiatisé par des prothèses technologiques, avec une perte du contact direct avec le vivant, et par la destruction d'écosystèmes auxquels nous sommes intimement liés. Le caractère destructeur, nihiliste, de ce fantasme s'observe bien dans son dernier avatar, le transhumanisme, qui prétend dépasser la mort et, au lieu de préserver la Terre, aller coloniser Mars.

Comment s'émanciper de ce besoin de « fausse liberté » ?

En enquêtant, je me suis rendu compte que, même si cette idée de délivrance traverse la plupart des théories occidentales, elle n'a jamais été la seule conception de la liberté.

Lorsqu'on s'écarte des « grands textes », écrits par des intellectuels qui avaient spécifiquement besoin d'être délivrés des nécessités de la vie quotidienne pour se consacrer à la lecture et à l'écriture, et que l'on examine la texture des formes de vie populaire, on constate que les classes populaires avaient une tout autre idée de la liberté. Les luttes qu'elles menaient pour leur émancipation visaient souvent la préservation de l'accès à des ressources communes : l'accès à la terre, le droit de pêcher et de chasser, de faire pâturer les bêtes sur les terres en friche, de récupérer du bois mort dans les forêts, etc. Or, lorsque les gens se battent pour cela, ils ne se battent pas pour être délivrés des nécessités de la vie matérielle, mais pour avoir accès aux ressources qui leur permettent de prendre en charge eux-mêmes leur vie matérielle, d'assurer leur indépendance alimentaire, énergétique, etc.

Aujourd'hui, c'est ce à quoi aspirent une partie des écologistes, bien au-delà des Verts : produire une partie de leur alimentation, de leur énergie, réapprendre certains métiers oubliés pour renouer avec cette autonomie matérielle qui a été trop négligée.

« Cessons de nous représenter le capitalisme comme quelque chose d'extérieur à nous. Nous en sommes aussi les rouages. »

Je pense que l'antidote au fantasme de délivrance, c'est de se rendre compte qu'il y a quelque chose de tout à fait plaisant au fait de produire en partie notre subsistance.

Selon vous, les actions individuelles, comme le *do it yourself* (DIY), ne suffisent pas à combattre le monde standardisé et ne favorisent pas le faire-ensemble. Jusqu'à quel degré peut-on être autonome ? À quelle échelle : celle d'un territoire, d'un village, d'une région ?

L'autonomie, telle que je la défends et telle qu'elle est possible, n'est jamais individuelle. Aucun être humain n'a jamais été capable d'assurer sa subsistance seul. Ne serait-ce que parce que pendant au moins dix ans, en réalité vingt ans ou plus dans nos sociétés, on est dépendant matériellement de ses parents pour satisfaire la plupart de ses besoins. Comme Aristote le disait, nous sommes des « animaux politiques » qui se distinguent de tous les autres vivants par le besoin que nous avons de nos alter ego pour assurer notre existence. L'autonomie n'est pas l'indépendance, mais un certain type d'interdépendance. Et elle n'est pas non plus compatible avec certaines formes d'interdépendance, à trop vaste échelle, qui impliquent du pouvoir et de la bureaucratie, comme celles que l'on associe au marché mondial et que je qualifie plutôt de « dépendances asymétriques ». L'autonomie implique une réflexion critique sur les échelles d'organisation, de production et d'interaction.

Mais il est difficile de savoir où placer le curseur. Certains privilégient les microcommunautés de deux cents individus, d'autres les petites villes de cinquante mille habitants, d'autres les « biorégions ». En réalité, tout dépend d'où l'on vit, et de là où on en est, car l'autonomie possible est fonction des ressources disponibles en nous et autour de nous. La question de l'autonomie se pose de manière différente à Paris, à la campagne en Europe, dans une plaine d'Afrique ou dans les montagnes d'Amérique latine.

Si l'autonomie à petite échelle n'est pas suffisante, comment changer de modèle à grande échelle ?

C'est une question cruciale parce qu'on pourrait être tenté de cultiver son autonomie dans son coin, à l'abri du fracas du monde. Mais c'est illusoire, car pour retrouver de l'autonomie aujourd'hui, il faut lutter contre l'expansion d'un système industriel qui condamne toute forme d'autonomie. Cet engagement politique peut prendre plusieurs formes : diffuser des idées, participer à des manifestations ou à des actions plus offensives, faire sécession en démissionnant ou en cessant de participer au système en tant que consommateur, etc. On a dépassé des seuils dans le désastre écologique qui font que toutes les initiatives d'autonomie, aussi positives soient-elles, se feront rattraper par la destruction des conditions climatiques de l'autonomie locale. Il va falloir à la fois cultiver toutes les formes d'autonomie – locale, communale, régionale et nationale – et renforcer les solidarités interlocales pour faire face aux tempêtes qui s'annoncent.

Aujourd'hui, la première tâche qui nous incombe, pour nos enfants et ceux des autres, c'est d'enrayer la mégamachine capitaliste, de la freiner pour prendre une autre direction. Cela suppose d'affronter de très gros intérêts, ceux des classes dirigeantes et des nantis qui font tout pour faire perdurer un système qui leur donne leur place privilégiée, quitte à criminaliser le mouvement écologiste. Je pense par exemple à la répression des Zad ou à la tentation de dissoudre le mouvement Les soulèvements de la Terre, qui lutte contre l'artificialisation des sols, pourtant reconnue comme calamiteuse.

« Il va falloir à la fois cultiver toutes les formes d'autonomie – locale, communale, régionale et nationale – et renforcer les solidarités interlocales pour faire face aux tempêtes qui s'annoncent. »

Vous vous réclamez de la liberté alors que les actions en faveur de l'environnement sont souvent dénoncées, dans l'espace public, comme liberticides. Comment expliquez-vous ces positions de la part des libéraux ?

Le libéralisme politique – en gros, l'inviolabilité de la vie privée et le parlementarisme – a été vidé de tout contenu par l'essor de la surveillance et de la manipulation de masse ; la seule chose qui reste du libéralisme est un individualisme forcené que l'on peut résumer par la formule : « je fais ce que je veux », comme entrepreneur ou comme consommateur. Autrement dit, « je me comporte comme un individu égoïste qui ne cherche que son intérêt particulier, sans le moindre souci pour l'Autre : les autres humains, les autres vivants et, plus généralement, la nature ». L'Autre constitue toujours une limite à ma liberté individuelle. D'où le rêve d'être délivré de ma condition d'animal politique, dépendant des autres humains et du vivant en général.

L'autonomie est une conception de la liberté qui tient compte de l'Autre, car on est conscient de notre dépendance vitale à son égard. L'écologie est contraire à l'idée de liberté comme délivrance individuelle portée par l'idéologie du « je fais ce que je veux ».

Que faudrait-il démanteler en priorité ?

Je ne sais pas quel mouvement social réussira à renverser le système. Mais j'espère qu'il y en aura un, et alors, il aura à déterminer quels secteurs de la mégamachine industrielle il faut reconvertir, démanteler et de quels secteurs il faut assurer la maintenance, au moins pendant quelques années ou décennies. Car, ne nous leurrons pas, une sortie du modèle industriel supposera certes des basculements politiques soudains (révoltes ou révolutions), mais prendra aussi du temps compte tenu de l'inertie des macrosystèmes techniques.

Étant donné cette inertie, liée à la dépendance que tout nouvel outil engendre une fois adopté massivement, la première chose à faire est de cerner les innovations en cours qui vont encore aggraver notre dépendance, matérielle et mentale, à la mégamachine industrielle, et rendre encore plus compliqué le retour à des modes de vie plus sobres et soutenables. Or, la réponse est claire : aujourd'hui, c'est le numérique qui verrouille la fuite en avant. Il me semble donc indispensable de lutter au quotidien, à l'échelle individuelle et collective, au travail et dans les loisirs, contre la numérisation du monde, contre la prolifération des écrans, des smartphones, des ordinateurs, etc., d'autant que ces outils consomment des quantités d'énergie folles et supposent un extractivisme titanesque.

« L'autonomie est une conception de la liberté qui tient compte de l'Autre, car on est conscient de notre dépendance vitale à son égard. »

Il y a donc aussi une démarche individuelle à opérer ?

Oui, la mégamachine industrielle n'est pas un système qui nous fait face comme un bulldozer. Cessons de nous représenter le capitalisme comme quelque chose d'extérieur à nous, qui se réduit à quelques noms : Macron, Pinault, Arnault, etc. Nous en sommes aussi les rouages. C'est nous, par nos actes quotidiens, qui l'alimentons. Il faut déjà en prendre conscience pour se dire « à défaut de pouvoir en sortir en un claquement de doigts, je vais essayer de ne pas nourrir la fuite en avant ».

Une troisième voie est-elle possible ?

À partir des années 1930, de manière très confidentielle dans les écrits de Jacques Ellul et Bernard Charbonneau, puis à partir des années 1960, de manière plus large avec le mouvement antinucléaire, l'écologie politique incarnait la recherche d'une troisième voie, contre les deux variantes de l'industrialisme. Les militants dénonçaient le capitalisme, mais aussi le productivisme, l'étatisation et la technoscience qui sévissaient aussi dans les pays dits communistes. Il s'agissait d'imaginer une autre manière de vivre, plus heureuse que celle consistant à produire plus pour consommer plus. Comme le disait *L'An 01* : « On arrête tout et c'est pas triste ! » Il est plus que temps d'y parvenir ! ■

→ Pour aller plus loin

- Aurélien Berlan, *La Fabrique des derniers hommes. Retour sur le présent avec Tönnies, Simmel et Weber*, La Découverte, 2012
- Aurélien Berlan, *Terre et liberté. La Quête d'autonomie contre le fantasme de délivrance*, La Lenteur, 2021
- Aurélien Berlan, Guillaume Carbou et Laure Teulières (sous la dir. de), *Greenwashing. Manuel pour dépolluer le débat public*, Seuil, coll. « Anthropocène », 2023

VOITURE ÉLECTRIQUE : **VRAIMENT PLUS ÉCOLOGIQUE ?**

Texte par **Fanny Costes** • Dessins par **Le Cil Vert**

À partir de 2035, plus aucune voiture thermique ne pourra être vendue dans l'Union européenne. Les constructeurs automobiles et les décideurs politiques misent donc beaucoup sur l'électrique. Un pari qui interroge : le véhicule électrique est-il une réponse durable aux défis posés par la lutte contre l'épuisement des ressources et le réchauffement climatique ?

16,5 millions de voitures électriques circulaient déjà dans le monde fin 2021 et plus de 200 millions devraient arpenter les routes du globe en 2030 selon l'Agence internationale de l'énergie[1]. À cette date, le Royaume-Uni, la Norvège, Israël ou la Californie n'autoriseront plus la vente de véhicules diesel ou essence sur leur territoire. Ils seront suivis en 2035 par les autres pays de l'Union européenne ou le Japon, quand la Chine prévoit, elle, que plus de la moitié des véhicules immatriculés sur son sol seront alors électriques ou hybrides.

Le véhicule électrique est donc clairement identifié par les États comme un levier majeur de décarbonation des transports, lesquels sont, en moyenne, responsables d'un tiers des émissions de gaz à effet de serre à l'échelle de la planète. Les centaines d'études menées ces dix dernières années sur les atouts écologiques des véhicules électriques plaident en effet majoritairement pour leur déploiement au détriment de véhicules thermiques très polluants.

PAS NEUTRE EN CARBONE

Toutes ces études s'appuient sur l'analyse de cycle de vie (ACV) des véhicules, laquelle prend en compte les émissions liées à leur fabrication, à leur usage et à leur fin de vie. Plus « vertes », les voitures électriques ne sont néanmoins pas neutres pour le climat. En phase de fabrication notamment. « L'impact carbone lié à la fabrication d'un véhicule électrique est deux fois supérieur à celui d'un véhicule thermique », rappelle ainsi Bertrand-Olivier

Ducreux, ingénieur au service Transports et mobilité de l'Ademe. En effet, « fabriquer un véhicule thermique ou électrique émet entre 6 et 7 tonnes d'équivalent CO_2. Mais pour l'électrique, il faut ajouter les émissions spécifiques à la fabrication de la batterie, soit entre 4 et 5 tonnes d'équivalent CO_2 », précise Clément Molizon, délégué général de l'Avere-France[2].

L'extraction des matières premières, leur raffinage, puis l'assemblage des cellules d'une batterie consomment en effet beaucoup d'énergie et génèrent donc des émissions de gaz à effet de serre supplémentaires. Néanmoins, à l'usage, sur une moyenne de 225 000 kilomètres parcourus, « une voiture électrique émet en moyenne 2 tonnes d'équivalent CO_2, quand on atteint 50 tonnes pour une voiture thermique », s'empresse de tempérer Clément Molizon. Contrairement aux véhicules essence ou diesel, on parle d'émissions indirectes : il n'y a pas de pot d'échappement sur un véhicule électrique. Elles sont liées à la production d'électricité nécessaire pour le recharger. Or, sur ce point, l'avantage de la voiture électrique est plus ou moins marqué en fonction des États dans lesquels elle circule. Selon une étude de l'ICCT[3], pour un véhicule « compact », sur 234 000 kilomètres parcourus en dix-huit ans, les émissions d'une voiture électrique sont en moyenne inférieures de 66 à 69 % par rapport

à celles d'un véhicule essence de taille comparable. Mais ce gain atteint 80 % en France où la production d'électricité est très largement décarbonée[4] et seulement 37 à 45 % en Chine dont le mix énergétique s'appuie encore très largement sur le charbon.

De plus, la capacité de la batterie, autrement dit sa taille, compterait aussi pour beaucoup dans le bilan environnemental des véhicules électriques. Selon un récent rapport de l'Ademe, « une voiture électrique roulant en France a un impact carbone deux à trois fois inférieur à celui d'un modèle similaire thermique, à condition que sa batterie soit de capacité raisonnable », c'est-à-dire inférieure à 60 kilowatt-heures. « Par rapport à une berline compacte diesel, la dette carbone est remboursée au bout d'environ 15 000 kilomètres pour un petit véhicule de type citadine électrique alors qu'elle n'est remboursée qu'après 100 000 kilomètres pour un SUV électrique haut de gamme », détaille l'agence. Plus lourd, un SUV électrique consomme en effet plus d'électricité et s'appuie surtout sur une batterie plus grosse dont la fabrication émet mathématiquement plus de gaz à effet de serre.

Concernant la qualité de l'air, en dehors des émissions liées à l'usure des freins, au frottement des pneus sur la chaussée et à la remise en suspension de particules fines déjà présentes sur les routes, le choix du véhicule électrique par rapport à son homologue thermique ne fait pas vraiment débat. Dans une analyse publiée en février 2022, le think tank Carbone 4 souligne cette « vertu majeure et propre aux motorisations électriques : l'absence totale d'émissions de polluants à l'échappement (oxydes d'azote NOx et particules fines PM). Or, selon Santé publique France, la pollution de l'air extérieur dans notre pays entraîne quarante mille décès prématurés par an (soit 9 % de la mortalité en France) et une perte d'espérance de vie à 30 ans pouvant dépasser deux ans ».

MATIÈRES CRITIQUES

Au bilan des émissions, la voiture électrique affiche donc en moyenne des « performances » environnementales bien plus acceptables que celles, médiocres, de la voiture essence ou diesel. Mais la batterie, son composant majeur, ne fait pas seulement débat quant aux émissions provoquées par sa fabrication. Elle nécessite aussi, pour être produite, des matières premières[5] dont les conditions et les lieux d'extraction questionnent l'éthique d'un côté, et l'indépendance de l'autre. Commençons d'abord par couper court à un faux débat : on ne parle pas de terres rares, lesquelles ne sont pas indispensables dans les batteries des voitures électriques. Ce sont les matières dites critiques qui, en revanche, alimentent les inquiétudes. Présentes partout mais de manière diffuse, elles sont aujourd'hui principalement extraites dans une poignée de pays : l'Australie, le Chili et la Chine pour le lithium, la République démocratique du Congo pour le cobalt ou encore la Chine et le Brésil pour le graphite. Or, l'accroissement prédit du marché de la mobilité électrique, comme celui du numérique qui dépend aussi de ces matériaux, pourrait créer des tensions géopolitiques et économiques très fortes dans les années à venir.

« UNE VOITURE ÉLECTRIQUE EN FRANCE A UN IMPACT CARBONE DEUX À TROIS FOIS INFÉRIEUR À CELUI D'UN MODÈLE SIMILAIRE THERMIQUE, À CONDITION QUE SA BATTERIE SOIT DE CAPACITÉ RAISONNABLE. »

« L'enjeu est donc de développer en Europe la plus grosse partie de la chaîne de valeur du traitement des matériaux et de la fabrication de la batterie. L'idée est de sécuriser les approvisionnements, mais aussi de garantir les conditions dans lesquelles les matériaux sont extraits, raffinés et les batteries sont assemblées », explique Clément Molizon. Sur ces points, de nombreuses actions sont mises en œuvre. En novembre 2022, l'Observatoire français des ressources minérales pour les filières industrielles (OFREMI) a été créé

pour garantir la disponibilité et l'accès aux ressources stratégiques. « Il ne faut pas construire une nouvelle dépendance aux matières critiques alors que nous nous battons pour sortir d'une dépendance aux énergies fossiles », a alors souligné Agnès Pannier-Runacher, ministre de la Transition énergétique. Par ailleurs, en Europe et en France en particulier, des projets d'extraction nationaux sont étudiés, à l'image de celui de l'entreprise française Imerys dans le Massif central. Projets néanmoins contestés car ils nous rappellent que toute mine, même ouverte sur un territoire respectueux des droits de l'Homme,

IL EXISTE UN TROISIÈME LEVIER POUR SÉCURISER LES APPROVISIONNEMENTS ET LIMITER L'EXTRACTION DE RESSOURCES NATURELLES FINIES : LE RECYCLAGE.

producteur d'une énergie peu carbonée et attentif à l'environnement, a des impacts. Des projets d'usines de raffinage de lithium sont également à l'étude en France, en Alsace notamment. Mais il existe un troisième levier pour sécuriser les approvisionnements et limiter l'extraction de ressources naturelles finies : le recyclage. Une étude menée par l'ONG belge Transport & Environment (T&E) estimait ainsi qu'en 2035 « plus d'un cinquième du lithium et 65 % du cobalt nécessaires à la fabrication d'une batterie neuve pourraient provenir du recyclage ». Résultat, si « au cours de son cycle de vie, un véhicule fossile moyen brûle l'équivalent d'une pile de barils de pétrole de vingt-cinq étages, pour une batterie, en tenant compte du recyclage des matériaux, seuls 30 kilos de métaux seraient perdus – soit environ la taille d'un ballon de football », illustre Lucien Mathieu, ingénieur analyste transports et e-mobilité chez T&E.

Et en matière de recyclage, les acteurs industriels et politiques se sont mis en ordre de marche. Déjà, depuis 2006, les batteries des véhicules électriques entrent dans le cadre de la directive européenne relative aux piles et accumulateurs, laquelle impose un taux de collecte et de recyclage d'au moins 50 %. « Et, technologiquement, le recyclage d'une batterie lithium de voiture électrique n'est absolument pas une chimère. C'est connu et maîtrisé à l'échelle industrielle, assure Bertrand-Olivier Ducreux. À ce jour, la capacité industrielle de recyclage en Europe de batteries lithium est installée et même surdimensionnée par rapport au nombre de batteries qu'il y a à recycler. Néanmoins, pour réutiliser la matière recyclée dans la fabrication de nouvelles batteries, il faut encore améliorer les techniques chimiques et surtout en réduire les coûts. »

Pour réduire les coûts de ces procédés et les améliorer, l'Union européenne vient d'ailleurs de s'accorder sur un nouveau règlement pour imposer progressivement l'usage de matière recyclée dans la composition des batteries de véhicules électriques. À partir de 2031, toutes les batteries mises sur le marché européen devront intégrer 16 % de cobalt, 6 % de lithium et 6 % de nickel issus du recyclage. Avant cela, dès le 1er juillet 2024, l'empreinte carbone générée par les batteries de voitures électriques tout au long de leur cycle de vie devra être déclarée.

C'EST MIEUX, MAIS...

Si la problématique des matériaux semble donc trouver peu à peu des réponses, sans compter que les technologies des batteries s'améliorent et devraient exiger toujours moins de ressources, reste une question que beaucoup se posent en ces temps de crise énergétique : sera-t-on en mesure de produire suffisamment d'électricité pour couvrir les besoins classiques et la recharge de millions de véhicules électriques ? Or, sur ce point, l'étude menée conjointement entre RTE (Réseau de transport d'électricité) et Avere-France en 2019[6] a conduit à des conclusions rassurantes. « Même dans un scénario haut, seize à dix-sept millions de véhicules électriques en 2035, la France est capable de les accueillir sur le réseau sans que cela ne pose de difficultés majeures, y compris au moment des pointes. En revanche, le développement de systèmes de pilotage, comme la recharge à heures creuses, est encouragé », explique Clément Molizon.

Bilan ? « Il ne faut pas laisser planer le doute : la voiture électrique représente un gain environnemental par rapport à une alternative thermique. Mais elle n'est pas neutre en carbone. Surtout, il ne faudrait pas répliquer un modèle dont on connaît les risques en remplaçant chaque voiture thermique par une voiture électrique », avertit Bertrand-Olivier Ducreux. Pour lui, notre relation à l'automobile doit être interrogée collectivement, en tant que société, et individuellement, afin de choisir le mode de transport le plus efficace par rapport à un usage quotidien et non à des situations rares comme les trajets de vacances. « Sans compter que la moitié des gens qui habitent à 1 kilomètre de leur lieu de travail y vont en voiture. Là, ce n'est pas une question de savoir si l'électrique vaut mieux que le thermique. La question, c'est de savoir s'il est pertinent d'utiliser un objet de 1500 kilos pour déplacer 75 kilos de bonhomme sur 1 kilomètre ! »

« LA QUESTION, C'EST DE SAVOIR S'IL EST PERTINENT D'UTILISER UN OBJET DE 1500 KILOS POUR DÉPLACER 75 KILOS DE BONHOMME SUR 1 KILOMÈTRE ! »

La voiture électrique est donc une réponse parmi d'autres pour verdir nos déplacements. Le mieux étant d'opter pour son « juste nécessaire ». ■

1. Global Electric Vehicule Outlook 2022, IEA.
2. Association nationale pour le développement de la mobilité électrique.
3. International Council on Clean Transportation.
4. Selon le « Bilan électrique 2021 » RTE, les sources de production d'électricité se répartissent ainsi : 69 % nucléaire, 12 % hydraulique, 7 % éolien, 3 % solaire, 7 % thermique fossile, 2 % thermique renouvelable et déchets.
5. Outre les matières premières nécessaires à la fabrication de la batterie, rappelons que pour produire de l'électricité nucléaire, considérée comme décarbonée, il faut exploiter des mines d'uranium. Pour la France, Orano exploite notamment deux mines au Niger : une activité qui conduit à des contaminations de l'eau et de l'air.
6. « Développement du véhicule électrique et système électrique : une faisabilité sereine et une contribution économique et écologique vertueuse à l'horizon 2035 », RTE-Avere-France, mai 2019 [en ligne].

Quel drôle d'oiseau êtes-vous ?
Design
+ Écologique
Qualité
Ergonomie
+ Responsable
Made in France
Envie d'un grand jardin ?
D'un bureau indépendant ?
D'une maison de campagne ultra-light ?
Découvrez nos mini-lodges design, éco-conçus et made in France, et donnez une nouvelle dimension à vos projets.
les p'titsNids
êtres plus légers
contact@lesptitsnids.fr
www.lesptitsnids.fr 06 51 05 22 84

TOFU LE CAMP !

Texte par **Dimitri Mouflard**
Illustrations par
Justine Le Joncour

SOJA

Cultivé depuis plus de cinq mille ans en Asie orientale pour ses qualités nutritionnelles, le soja est aujourd'hui majoritairement destiné à l'alimentation animale. Cette légumineuse n'a besoin que de quantités moyennes d'eau pour pousser. Pourtant, sa culture intensive, notamment sur le continent américain, a un redoutable impact écologique.

PRODUCTION

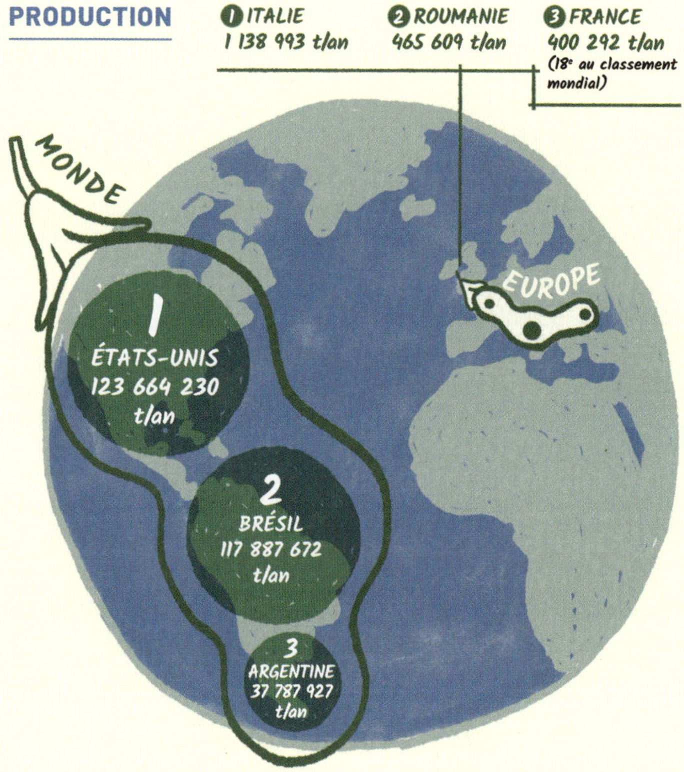

80 %

DE LA PRODUCTION MONDIALE EST TRANSGÉNIQUE (OGM).

25 %

DU SOJA FRANÇAIS EST CULTIVÉ EN BIO.

SOJA = DÉFORESTATION ?

Entre 1997 et 2017, la production mondiale est passée de 144 Mt à **352 Mt**. Cette hausse a causé un accroissement de la déforestation. Au Brésil, le soja représente **49 %** des terres cultivées.

QUI MANGE QUOI DANS LE SOJA ?

Humains comme animaux consomment surtout du soja transformé. Le tourteau consommé par les animaux désigne le résidu d'une graine oléagineuse (soja ou colza ou autre) obtenu après extraction d'une partie de l'huile et de l'eau.
L'utilisation du soja transformé dans l'alimentation végétale humaine (tofu, protéines texturées, lait, yaourt, simili-carnés...) augmente chaque année : **+8,4 %** par an en moyenne entre 2015 et 2020.

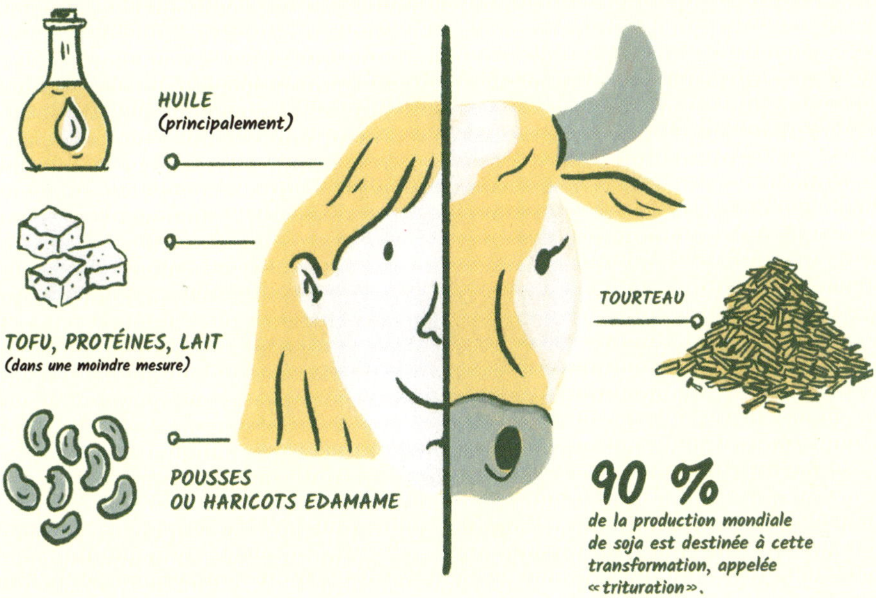

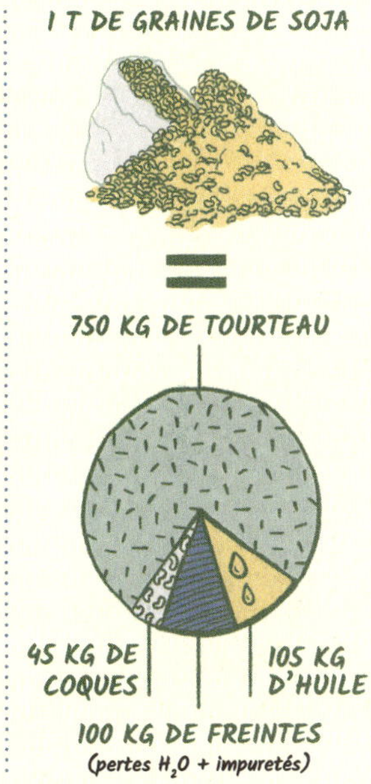

DES ATOUTS SANTÉ

- Source de protéines : **36/100 g** dans sa forme brute
- **Riche en fibres et en acides gras poly-insaturés,** qui contribuent à diminuer le cholestérol
- Contient des **isoflavones**, qui limitent, avec un apport externe en calcium, les risques d'ostéoporose
- **Source de vitamines et minéraux** : phosphore, magnésium, fer, zinc, manganèse, cuivre, vitamines B1, B2, B6, B9, K

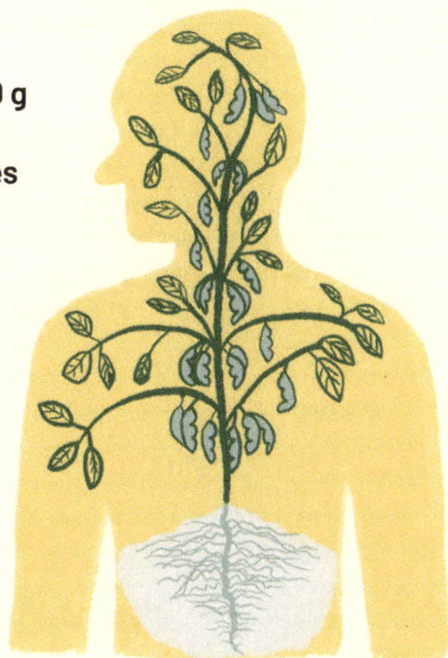

À CONSOMMER AVEC MODÉRATION

Le soja est une source de **phytoœstrogènes**, hormones féminines. Sa consommation excessive peut avoir une incidence sur la thyroïde des hommes comme des femmes et un impact négatif sur l'équilibre hormonal masculin.

VERS UNE CULTURE PLUS VERTUEUSE ?

Bénéfique dans la rotation des cultures, le soja capte l'azote de l'air et le restitue au sol. Cultivé à bon escient, comme en France où on le trouve sur tout le territoire, le soja peut être vertueux : sa culture « à bas niveaux d'impacts » nécessite très peu d'intrants.

BILAN CARBONE EN FRANCE

Sources : atlasbig.com - youmatter.world - cdn.greenpeace.fr - europe1.fr - passeportsante.net

DOMINIQUE BOURG, PHILOSOPHE

Les natures & l'IPBES

Il est de multiples façons d'user du mot « nature », et ce jusqu'à refuser son emploi. Au-delà de ces usages, il est encore quatre modalités de relations à la nature, celles qu'a récemment dégagées l'IPBES[1] – le GIEC du vivant –, dans un document publié au début de l'été 2022, passé quasiment inaperçu, alors qu'il est capital[2].

Selon l'acception moderne du mot « nature », et ce dans un contexte écologique, celle-ci est un décor inerte, modifiable à souhait, sans qu'il y ait à redouter quelque conséquence funeste. Si elle pose néanmoins quelques difficultés, elles seront techniquement surmontées. Telle est la nature selon les libéraux, passive et généreuse, dépourvue de toute puissance d'agir. Dès lors, en parler, l'invoquer est nécessairement une question idéologique, sans accroche réelle. C'est cette acception qui se cache derrière l'expression « écologie punitive » : la nature n'existant pas en tant que puissance, prétendre y faire attention, prétendre la redouter ne sont que prétextes pour pénaliser autrui.

« Nous vivons en tant que nature, à savoir comme parties intégrantes d'un tout qui nous dépasse. »

La seconde acception est celle de l'écologie globale, celle du système Terre. La nature est au contraire dynamique, elle est puissances d'agir avec lesquelles nous interagissons désormais dans le cadre de ce que nous appelons l'anthropocène. C'est la nature du dérèglement climatique avec ses événements extrêmes, de l'effondrement du vivant, de la déplétion des ressources, tous facteurs qui érodent l'habitabilité pour l'espèce humaine, notamment de la planète. C'est la nature des sciences, celle de l'effroi des sens, celle de l'écoanxiété.

Il est une façon de récuser l'usage du mot « nature » sans pour autant rejoindre le déni libéral de son altérité. C'est une attitude du second degré qui vise à faire un pas de côté vis-à-vis de l'histoire typiquement occidentale, qui est celle du mot et de l'idée de nature, inséparable des dualismes nature-homme, corps-âme, nature-culture, nature-techniques, etc. C'est la posture défendue par l'anthropologue Philippe Descola. Avec Nicolas Bouleau[3], sans du tout ignorer ce pas de côté, nous préférons insister sur la singularité et la destructivité de nos techniques : la nature ne sait que faire de nos activités économiques. Ces dernières soit perturbent les grands flux biogéochimiques, comme le carbone, l'azote, etc., soit accumulent des artefacts non métabolisables dans les différents milieux, y compris les tissus biologiques. Une forme de dualité autodestructrice, impensable des modernes.

À quoi s'ajoutent les quatre modalités de l'IPBES, qui renvoient à quatre façons d'entrer en relation avec la nature. Nous vivons en premier lieu de la nature : il s'agit de la nature-subsistance, des ressources diverses que nous en tirons. Nous vivons avec la nature : nous y côtoyons des êtres vivants autres qu'humains, dotés de leurs propres intérêts et droits. Nous vivons encore dans la nature : un cadre de vie, des paysages auxquels nous pouvons, à des degrés divers, nous identifier. Enfin, nous vivons en tant que nature, à savoir comme parties intégrantes d'un tout qui nous dépasse : il y est question de sacralité de tel ou tel élément de la nature, mais pas exclusivement. Ces quatre modalités n'épuisent pas nos relations possibles, mais elles embrassent toutes les sphères de valeurs et d'activités, de nos activités économiques à nos aspirations spirituelles. Qu'une telle nomenclature soit développée par l'IPBES est rasséréنant; lequel organisme a résolument compris l'apport et l'importance des peuples premiers. ■

1. Plateforme intergouvernementale scientifique et politique sur la biodiversité et les services écosystémiques.
2. « Summary for policymakers of the methodological assessment of the diverse values and valuation of nature of the Intergovernmental Science-Policy Platform on Biodiversity and Ecosystem Services (IPBES) », IPBES, 2022.
3. Nicolas Bouleau, Dominique Bourg, *Science et prudence. Du réductionnisme et autres erreurs par gros temps écologique*, PUF, 2022.

DOSSIER

AGRI-CULTRICES… ET FIÈRES DE L'ÊTRE !

Textes par **Sonia Reyne** et **Anne Bideault**

**Aujourd'hui, en France, un quart des exploitations agricoles sont dirigées par des femmes. Un chiffre qui a plus que triplé depuis les années 1970, où les femmes agricultrices n'avaient même pas de statut. Les temps changent... Cependant, des résistances demeurent. Revenus, retraite, transmission des biens, formation, reconnaissance des pairs...
Entre la paysanne et le paysan, l'équité n'est pas encore atteinte et la culture patriarcale reste bien ancrée. Même les productions ont un genre ! Pour autant, plus en phase avec les attentes des consommateurs, comme le bio et les circuits courts, les femmes sont aussi celles qui font évoluer le métier.**

Charlotte Salat élève des salers à Cussac, dans le Cantal, et a lancé sa propre marque de fromage. Deux fois par jour, elle trait son troupeau de deux cents vaches. [lire page 40]

Clémentine Comer

« LES AGRICULTRICES QUESTIONNENT LES NORMES DU MÉTIER »

Sociologue, Clémentine Comer a deux domaines de recherche, le syndicalisme et le féminisme. Sa thèse en science politique, soutenue en 2017, portait sur « la cause des agricultrices en Bretagne[1] ». Elle a « toujours connu l'odeur des vaches », si bien que son travail a aussi été pour elle l'occasion de relire la trajectoire de certaines proches, « femmes laborieuses » de la génération précédente.

Peut-on encore dire que le monde agricole est un milieu patriarcal, genré, machiste ?

On ne peut pas isoler le monde agricole du reste de la société. Comme dans tous les secteurs professionnels, il reste un combat à mener pour que l'égalité entre hommes et femmes soit réelle. Il y a encore des logiques de structuration genrées, depuis les filières de formation jusqu'à l'exercice très concret du métier dans les exploitations. S'y ajoutent un certain nombre de représentations symboliques qui perdurent ou, en tout cas, de « sexisme ordinaire ». Cela concerne aussi bien l'espace professionnel (utilisation des machines, choix des cultures, rendements, etc.) que l'espace privé familial (répartition des tâches, éducation...) ou encore l'espace public : au marché, par exemple, des clients qui s'autorisent des commentaires sur le gabarit ou un supposé défaut de force physique. Mais les choses bougent, comme dans la société dans son ensemble. Depuis les années 1950, un mouvement des femmes s'est organisé dans le monde agricole. Elles se sont battues pour leur statut dans les années 1970-1980, puis pour leur représentation dans les organisations agricoles dans les années 2000. Aujourd'hui, on observe des formulations plus contemporaines, comme la question des minorités de genre dans les campagnes ou celle des violences sexuelles et conjugales – qui sont d'ailleurs proportionnellement plus fréquentes en milieu rural –, mais aussi des choses qui peuvent paraître très prosaïques : par exemple, la présence de toilettes sur une exploitation, obligatoire pour accueillir des ouvrières agricoles ! Il reste des freins à toutes les étapes. Dès la formation, les statistiques sont assez édifiantes. Lorsque des jeunes filles optent pour l'apprentissage en production agricole, elles ont plus de mal à trouver des places que les garçons. En stage, leur capacité à maîtriser le matériel mécanique est souvent mise à l'épreuve, et on ne leur attribue pas nécessairement les mêmes tâches qu'à un apprenti homme : ça finit par créer des fossés. Plus tard, quand elles s'installent comme exploitantes – et surtout si elles s'installent seules –, elles pâtissent d'un accès plus restreint au financement et au foncier.

Pour quelles raisons l'installation des femmes agricultrices est-elle plus compliquée ?

Les raisons sont diverses. Leurs choix de production, davantage tournés vers l'agriculture bio, les circuits courts, la diversification (accueil à la ferme, activités pédagogiques, etc.), sont souvent plus atypiques et dérogent à la norme du territoire concerné, si bien qu'ils sont perçus comme moins crédibles par l'encadrement professionnel (chambres d'agriculture, Crédit Agricole, organismes d'attribution des terres...). Autre handicap répandu : les femmes s'installent plus tard que les hommes, après une première carrière, parfois après 40 ans, auquel cas elles ne peuvent pas bénéficier de la dotation jeune agriculteur (DJA) d'aide à l'installation. Soulignons aussi qu'elles héritent moins des terres que les hommes. Et enfin, comme partout, maternité et activité professionnelle sont difficiles à

> « Jusqu'au début des années 1980, les femmes agricultrices n'étaient considérées que comme des femmes d'agriculteurs, des femmes "sans profession". »

articuler, d'autant plus que les modalités de garde de jeunes enfants sont moins développées en milieu rural.

> « De manière générale, plus il y a de mixité dans une profession et plus cela apporte de changement social et de démocratie professionnelle. »

Arrivent-elles dans un état d'esprit différent de celui de leurs confrères hommes ?

Ce qui préside souvent à l'installation des femmes agricultrices, c'est un projet de vie à la ferme, d'avoir ses enfants à domicile, d'aménager son temps. Ce désir est davantage porté par les femmes, qui savent qu'elles ont ces deux vies-là à faire tenir ensemble. Pour un homme, se consacrer à son métier reste premier. Le jour où on verra un agriculteur dire à ses collègues de la Cuma [coopérative d'utilisation de matériel agricole] « je suis désolé, mais faut qu'on décale la réunion d'une heure parce que je dois récupérer mes enfants à l'école », on aura avancé… L'organisation sociale et les institutions d'encadrement du métier ne pensent pas les choses comme ça.

Les groupes de femmes existent depuis longtemps dans le monde agricole. Qu'ont-ils apporté ? À quels besoins répondent-ils ? Qu'apportent-ils encore ?

Si ces groupes-là n'avaient pas existé, les femmes n'auraient pas de droits professionnels propres ! Statut, retraite, assurance en cas d'accident professionnel, congé maternité, etc. sont le fruit de la mobilisation des femmes. Un énorme travail ! Jusqu'au début des années 1980, les femmes agricultrices n'étaient considérées que comme des femmes d'agriculteurs, ayants droit de leur mari, bref, des femmes « sans profession ». Obtenir un statut répondait à un besoin matériel (avoir des droits), mais aussi symbolique : « Oui, on travaille, et notre travail est essentiel dans les exploitations. » Déconstruire cette vision conjugale de l'agriculture a été un long chemin. Autre problématique : les agricultrices n'ont longtemps pas eu le même accès aux droits sociaux que les autres femmes : ce n'est que le 1er janvier 2019 que les dispositions du congé maternité pour les agricultrices [assurées non-salariées] ont été alignées sur celles des salariées.

Sur ce combat pour l'équité, les syndicats avancent-ils de concert ?

Il y a eu des variations historiques ! Dans le combat autour du statut, tous les syndicats étaient partie prenante, dans un mouvement d'ensemble. Une fois ce combat pour le statut mené, au détour des années 1990-2000, la gauche paysanne a considéré que l'égalité était acquise. Elle a délaissé les groupes de femmes au motif qu'ils n'avaient plus lieu d'être. Pendant toute une période, ils n'ont perduré que dans les syndicats majoritaires. Or, dans les faits, le constat est amer ! Ainsi, si statistiquement les femmes sont plus installées dans des exploitations bio de petite taille, en vente directe ou circuit court – donc des modèles plus alternatifs, traditionnellement « à gauche » –, elles ne sont pas présentes dans les organisations qui promeuvent ces modèles-là. Ce hiatus, désormais identifié, est en train d'être résorbé, et la gauche paysanne a réhabilité aussi l'outil de la non-mixité.

Les femmes agricultrices font-elles bouger les choses au-delà de leur propre cause ?

De manière générale, plus il y a de mixité dans une profession et plus cela apporte de changement social et de démocratie professionnelle. Souvent, les agricultrices ont eu une vie professionnelle avant et ne veulent pas vivre le monde agricole comme un monde à part. Cela les amène à questionner les normes du métier : ne sont-elles pas coûteuses pour le corps, pour la santé ? Et pour l'environnement, aussi bien écologiquement que socialement ? En découlent des logiques de travail atypiques. Elles recherchent, par exemple, des respirations, sans concentrer toutes les énergies sur le travail productif. Elles font bouger les lignes, mais ça reste une goutte d'eau ! Car aujourd'hui, les attributions d'aides de la PAC sont encore inégalitaires. Les gros projets, avec un fort impact environnemental, continuent d'aspirer les fonds, pendant que le type de projets que portent le plus souvent les femmes ne draine rien. Il y a toute une répartition de la richesse à revoir ! ■

1. Clémentine Comer, « En quête d'égalité(s). La cause des agricultrices en Bretagne entre statu quo conjugal et ajustement catégoriel », thèse de doctorat en science politique, université Rennes 1, 2017.

LES CHIFFRES

1/4

DES EXPLOITATIONS AGRICOLES SONT **DIRIGÉES PAR UNE FEMME.**

56 %

DES FEMMES S'INSTALLENT COMME **EXPLOITANTES APRÈS 40 ANS** (CONTRE 20 % DES HOMMES).

32 %

des actifs agricoles sont des femmes.

20 %

des dotations Jeunes Agriculteurs (DJA) sont attribuées à des femmes.

100 000

exploitations agricoles ont fermé depuis 2010.

32 %

DES CHEFS D'EXPLOITATION INSTALLÉS APRÈS 2010 SONT DES FEMMES. ELLES ONT **DES PRÊTS BANCAIRES**

2,5 x

PLUS LONGS QUE LES HOMMES.

50 %

DES AGRICULTRICES ET AGRICULTEURS SERONT EN ÂGE DE **PRENDRE LEUR RETRAITE** D'ICI 2030.

Source : Recensement agricole 2020

QUAND DES GROUPES DE FEMMES TRANSFORMENT LE MODÈLE AGRICOLE...

Texte par **Simon Renou**

Pour lutter contre les stéréotypes de genre sur les exploitations agricoles, des éleveuses se rassemblent et se forment en non-mixité choisie. Une étude récente[1] pointe les changements apportés par ces groupes dans le fonctionnement des exploitations en polyculture élevage.

La non-mixité choisie peut être utile pour lever des freins et faire monter les femmes en compétences, par exemple sur le travail du métal ou la question des équipements agricoles.

« Nous, femmes rurales du réseau des CIVAM [centres d'initiatives pour valoriser l'agriculture et le milieu rural], affirmons jouer un rôle majeur de transformation du modèle agricole vers plus d'agroécologie et plus de diversification des activités », introduit le plaidoyer porté notamment par les Elles de l'Adage, un collectif d'agricultrices du réseau CIVAM 35 (Ille-et-Vilaine). Dirigées par des agriculteurs depuis soixante ans, cent trente associations réparties dans tout l'Hexagone composent ce réseau qui travaille de manière collective à la transition agroécologique de leurs territoires.

« Au départ, Marie-Édith Macé, la fondatrice des Elles de l'Adage, était réticente à créer un groupe non-mixte, explique Anaïs Fourest, animatrice agricole au CIVAM 35. Bien que les femmes soient nombreuses dans les fermes, Marie-Édith était la seule à siéger au conseil. Sur le modèle d'un collectif de paysannes de Loire-Atlantique, on lui a proposé de créer un groupe composé exclusivement de femmes. Elle a bien voulu tenter l'expérience et depuis elle trouve beaucoup d'intérêt à proposer un lieu d'expression et de formation en non-mixité choisie où l'autocensure n'est pas de mise. » Depuis 2007, une quinzaine de groupes traitant des problématiques liées au genre ont été créés au sein du réseau.

« Quel regard porte-t-on sur ton activité agricole ? Est-il facile de concilier vie pro et vie perso ? Pourquoi ne fais-tu pas certaines tâches ? » Telles sont les questions que se sont posées les éleveuses bretilliennes à l'instar des paysannes de la Drôme et de l'Ardèche présentes dans le film *Je, Tu, Elles... Femmes en agriculture*, réalisé par Aurélia Étienne. « Les discussions en non-mixité choisie ont permis d'identifier le caractère systémique des attributions genrées des tâches », précise Anaïs Fourest. Dans ce reportage de la fondation GoodPlanet, Amande, agricultrice et membre du collectif, abonde en ce sens : « Les femmes sont souvent cachées dans les bureaux, à la comptabilité et à l'administration ou au laboratoire pour la confection des fromages, rarement sur le tracteur et aux bêtes. »

SEXISME ORDINAIRE

« Il est où le patron ? » Céline Berthier, éleveuse de chèvres et cheffe d'exploitation en Drôme-Ardèche, a supporté cette question durant des années. Pied de nez, *Il est où le patron ?* est aussi le nom de la bande dessinée qu'elle a coécrite avec la dessinatrice Maud Bénézit et le collectif d'éleveuses drômois-briançonnais Les paysannes en polaire. Elles rapportent les remarques sexistes qu'elles ont subies lors de leur installation : « Peut-être auriez-vous un conjoint pour qu'il s'occupe des tâches les plus physiques ? » ou encore « Il faut des couilles pour investir ! » Ces répliques témoignent de la reproduction des rapports genrés lors de la transmission familiale de la ferme et, plus inquiétant, des situations de harcèlement lors des stages.

« Les discussions en non-mixité choisie ont permis d'identifier le caractère systémique des attributions genrées des tâches. »

Lors d'une formation non mixte, Hélène, agricultrice, membre des Elles de l'Adage, montre aux participantes comment perfectionner leur conduite de tracteur.

© Fondation GoodPlanet et CIVAM Adage 35

Le machisme présent dans le milieu agricole s'additionne aux contraintes sociales des territoires ruraux. « Nous pouvons y déplorer les difficultés criantes d'accès aux services publics, confirme le CIVAM dans son plaidoyer, notamment de santé, de la petite enfance, de transport… Ces manques peuvent alourdir le quotidien mais sont compensés par un surinvestissement des femmes dans ces domaines. » En plus de ne pas être associées aux prises de décisions, les femmes approchent difficilement les machines agricoles. L'association pointe des raisons ergonomiques (matériel non adapté), de socialisation et de formation (l'apprentissage informel n'inclut pas les femmes) ou de sexisme ordinaire (sourires en coin et autres blagues sur la conduite des femmes). « Toutes ces raisons génèrent des postures d'autocensure liées à la faible légitimité actuelle que nous avons dans le domaine du machinisme ou des métiers d'extérieur », abondent-elles. « Nous organisons des stages de formation en non-mixité choisie pour éviter ces phénomènes de délégitimation et pour inventer des outils adaptés aux femmes », explique Anaïs Fourest.

GENRE ET RÉSILIENCE

Flora Dupuy et Raphaëlle Biatry sont ingénieures agronomes et ont étudié conjointement l'apport des femmes et des groupes en non-mixité choisie dans la transition agroécologique. Elles ont analysé que « les groupes entre paysannes favorisent l'empowerment des agricultrices », c'est-à-dire leur pouvoir à amorcer le changement. Flora Dupuy a notamment fait apparaître que « les réunions créent des espaces ressources de formation, d'exemplarité, de sororité et de libération de la parole ». L'agronome a aussi observé

> « Les réunions créent des espaces ressources de formation, d'exemplarité, de sororité et de libération de la parole. »

que « le collectif a permis aux agricultrices de mieux s'affirmer et d'oser modifier l'organisation et le rythme de travail ». Raphaëlle Biatry abonde en ce sens : « Pour les femmes, l'injonction à la prise en charge des enfants rend impossible l'exécution des tâches chronophages et éloignées du domicile. Elles doivent donc adapter l'activité si elles veulent une meilleure répartition des rôles. Le temps ainsi libéré bénéficie à tout le monde et permet notamment de développer des liens avec l'extérieur, de se former, de mieux s'occuper du bien-être des associés, de la famille et des animaux. »

Flora Dupuy va plus loin : « Les groupes de femmes viennent compenser des manques de compétences et le mal-être lié au patriarcat. Parce qu'on leur a attribué le travail de *care* [prendre soin des autres], les femmes mettent en place des systèmes résilients au niveau économique, sociétal et écologique. » Raphaëlle Biatry explique, elle, que « la diversification des activités amorcées par certaines agricultrices peut venir d'un besoin d'autonomie individuelle. Mais cette diversité apporte à l'exploitation une résilience plus importante. Les agricultrices ont besoin de mettre en adéquation leurs convictions et leurs pratiques. Souvent engagées politiquement, elles donnent l'exemple et jouent la transparence en ouvrant la ferme au public pour pouvoir mettre en place des circuits courts comme le marché à la ferme. Revers de la médaille, cette valeur ajoutée à l'activité initialement présente sur la ferme s'accompagne d'une charge mentale supplémentaire à celle déjà portée dans la sphère domestique. »

Il reste cependant du chemin à parcourir. Sixtine Prioux, coordinatrice au réseau CIVAM 44 confie ainsi que « tout ce travail de "dégenrer" l'activité agricole peut être balayé lors de l'installation de nouveaux ruraux qui, sous prétexte de prôner un retour à la terre, reviennent à des valeurs traditionalistes et malheureusement patriarcales ». Le chantier n'est donc pas terminé... ■

Les agricultrices ont besoin de mettre en adéquation leurs convictions et leurs pratiques.

1. « La progression de l'égalité femmes-hommes en agriculture. Enquête au sein du CIVAM Adage 35 », étude conduite en 2019 par Linda Duperray, dans le cadre d'un stage de six mois au sein du CIVAM Adage 35 [en ligne].

CHARLOTTE TROP FEMME POUR L'AOP !

Photos par **Nicolas Anglade**

Dans le Cantal, Charlotte Salat a décidé de lancer sa propre marque de fromage, le Salat Tradition, le jour où un jury l'a exclue de l'appellation d'origine protégée Salers Tradition. Une AOP dont sa famille jouissait pourtant depuis cinquante ans.

« Il a fallu que j'annonce à mon père et mon oncle que l'on perdait l'AOP que nous avions depuis cinquante ans. Psychologiquement, ce n'est pas rien. Derrière, il y a des conséquences qui peuvent être très graves. Cela a été très dur. » Avec une mère et une sœur coiffeuses, à la tête de plusieurs salons, Charlotte Salat aurait pu choisir d'autres voies professionnelles. « J'ai aidé mon père et mon oncle à la ferme dès 2007. Je ne me voyais pas faire autre chose. Je n'aimais que ça. »

TRADITION ET RENOUVEAU

La famille Salat fait partie de la poignée de fondateurs de l'AOP Salers Tradition, à la fin des années 1970. Le Salers Tradition AOP est fabriqué à la ferme, uniquement avec du lait de vache salers, quand le Salers AOP peut être fabriqué avec du lait d'autres races de vache. Pour soulager son père, Charlotte se met au fromage, elle qui préfère le soin des vaches. Deux fois par jour, elle enchaîne traite et transformation – 900 litres le matin et 600 litres le soir. Le lait est versé dans des gerles [sortes de tonneaux] en bois, encore chaud. Il est manipulé à la main, emprésuré, caillé, pressé, salé, brassé, moulé, avant que les tommes soient affinées en cave. Charlotte prend goût à cette fabrication ancestrale.

En 2015, elle reprend l'exploitation aux côtés de son père et son oncle. Son caractère bien trempé l'entraîne à faire des choix déterminants : « Mon grand-père affinait lui-même nos fromages, mais mon père et mon oncle les vendaient à un affineur. Je me suis mise à affiner le jour où je me suis fâchée avec celui-ci. Nous n'étions plus d'accord sur le prix. » Elle met alors plusieurs caves aux normes et retrousse ses manches. Avec son Salers Tradition et son énergie à déplacer les montagnes, elle démarche elle-même ses clients pendant les périodes de tarissement des vaches. Des crémeries de luxe parisiennes, lyonnaises ou bordelaises et de grandes tables, comme celle d'Alain Ducasse au Plaza Athénée, lui font le meilleur accueil. Elle a 30 ans et vit avec son temps : elle crée sa page professionnelle sur Facebook ainsi qu'un compte Instagram. Le critique gastronomique Périco Légasse parle d'elle dans *Marianne*, et elle apparaît dans plusieurs reportages télé. Cette médiatisation autonome n'est peut-être pas du goût de la filière, qui peine à communiquer sur le salers.

Tant et si bien qu'en 2018, le comité de gradage de l'AOP, qui évalue les fromages régulièrement, note la production de la jeune femme en dessous des 13/20 nécessaires pour conserver l'AOP, trois fois de suite. « La dernière note, c'était 12,97 ! Mes salers étaient évalués rances, amers, avec une pâte violette. Perdre l'AOP, pour moi, c'était le drame ! Lorsque je suis rentrée avec le recommandé avec accusé de réception à la main, ▸▸

Durant la période de tarissement de ses salers, en hiver, Charlotte démarche elle-même ses clients.

« Perdre l'AOP, pour moi, c'était le drame ! Lorsque je suis rentrée [...] j'étais en pleurs. Mon père m'a dit : "On s'en fout." »

La vache salers n'accepte de donner son lait qu'en présence de son veau, qui amorce la traite.

Fabriquées au lait cru dans des gerles en bois, les fourmes que produit Charlotte sont affinées entre trois et dix-huit mois, en cave, à la ferme.

Il faut environ 400 litres de lait pour une fourme de 40 kilos. Le fromage Salat Tradition, comme le Salers AOP, est une pâte pressée non cuite. Le lait cru et entier doit être transformé tout de suite après la traite.

« J'aime bien prendre des filles en stage, pas forcément issues du milieu agricole. Ça permet de penser le métier autrement. »

▸▸ j'étais en pleurs. Mon père m'a dit : "On s'en fout." Avec mon oncle, ils rigolaient. Eux avaient compris de quoi il retournait. »

Le succès de Charlotte fait des jaloux. Il a fallu téléphoner à tous les clients pour les prévenir. « J'étais très angoissée. L'un des premiers que j'ai appelés, le chef Romain Meder, au Plaza Athénée, m'a rassurée : "On s'en fout de l'AOP." Ce qui comptait, c'était que ma production ne change pas et qu'elle plaise aux clients. Sur une cinquantaine de clients, je n'en ai perdu qu'un, qui a voulu baisser le prix. J'ai refusé. »

« NE PAS LÂCHER L'AFFAIRE »

Pendant toutes ces péripéties, Charlotte Salat est professionnellement isolée. La filière AOP, le Comité interprofessionnel des fromages du Cantal mais également les groupements d'éleveurs ne lui apportent aucun soutien. Son travail subit une surveillance délétère et insidieuse. « Ma ferme a fait l'objet d'une multitude de contrôles de plusieurs organismes. Ils ont même analysé le poil de mes vaches ! Heureusement que nous étions dans les clous pour tout. Même la banque m'a téléphoné pour me demander comment j'allais faire sans l'AOP. » En 2020, son père meurt, son oncle fait un accident vasculaire cérébral. Si elle n'a pas le soutien de la profession, Charlotte Salat peut compter sur celui de son entourage. « Un soir, en discutant autour d'un verre, des amis m'ont poussée à déposer mon nom comme une marque et à créer un logo, puis des plaques, pour identifier mes fromages. En deux temps, trois mouvements, c'était fait. Aujourd'hui, je produis du Salat Tradition, et je constate que j'ai eu raison de ne pas lâcher l'affaire. »

Depuis, toujours souriante, solaire et déterminée, à la tête d'un troupeau de deux cents mères et d'une production de trois cents meules de fromage de 40 kilos par an, Charlotte Salat travaille avec quatre salariés. « J'aime bien prendre des filles en stage, pas forcément issues du milieu agricole. Ça permet de penser le métier autrement. » ■

Pendant la période de production, les journées sont longues et intenses. Traites et transformation s'enchaînent sans répit.

INGRID CULTIVATRICE DE LIENS

Après une première vie professionnelle dans la communication, Ingrid Ruillat s'est lancée dans l'agriculture. Installée à Sainte-Consorce, à deux pas de Lyon, elle vient de terminer sa quatrième saison de maraîchage, avec toujours autant de joie. Pour cultiver ses légumes, elle a choisi de se passer de tracteur, et lui préfère ses ânes.

Nos questions sur le fait d'être femme ne l'inspirent pas plus que ça. Quand elle a décidé de quitter le confort du salariat et des bureaux citadins, Ingrid Ruillat s'est sentie « bien accueillie » – par les agriculteurs voisins, par la chambre d'agriculture… En cherchant bien, elle se souvient avoir parfois été testée sur sa force physique, en formation ou en stage : « J'ai trouvé ça tellement nul que ça m'a donné de l'énergie ! Et ça m'a fait réfléchir : comment exercer ce métier sans se bousiller le dos ? Ça vaut pour tout le monde, homme ou femme ! » Les rares remarques qu'elle a essuyées, du type « avec ta tête de comptable », elle ne sait pas si elle les doit au fait d'être une femme ou d'avoir fait des études intellectuelles. De toute façon, elle retient surtout les « mains tendues », bien plus nombreuses.

Sans qu'elle en ait conscience, ses choix confirment pourtant le portrait type des néo-paysannes non issues du milieu agricole que nous a dressé Clémentine Comer [lire page 32] : modestie des investissements comme des retombées économiques, choix du maraîchage, conscience des enjeux sociaux et environnementaux, variété des activités, volet pédagogique et social…

LE PLAISIR COMME BOUSSOLE

Ainsi, lorsqu'Ingrid Ruillat s'est lancée, elle s'est promis « de ne pas mettre la barre trop haut » en termes de rendement et de revenus, consciente que l'agriculture dont elle rêvait ne le lui permettrait pas. Sans attirance pour les moteurs, elle a choisi de travailler sa terre avec trois ânes, qu'elle attelle à un matériel spécifique. Son lieu de culture a du sens lui aussi : elle est installée à Sainte-Consorce (Rhône), en limite du périmètre de la métropole de Lyon, à 300 mètres des puissants laboratoires pharmaceutiques bioMérieux et Sanofi Pasteur. Autant dire que la pression foncière est palpable : « Ma ferme est une sorte de réserve indienne au bout de Lyon ! »

Côté techniques de culture, elle part « du postulat que la nature se débrouille par elle-même, et que la cultivatrice apporte juste sa pâte », laissant les plantes « souveraines ». Après cet été 2022, épouvantable de chaleur, elle veut adapter ses semences et ses cultures. Elle envisage, par exemple, de semer du chanvre biomasse pour ombrer ses salades. « J'aime bidouiller, j'aime tester, même s'il y a des échecs. »

Sa boussole, c'est son plaisir, plus que la seule rentabilité. Un exemple ? « Les pommes de terre, ça ne rapporte rien ou presque, mais moi, ça me permet de travailler avec mes ânes : j'adore cultiver les pommes de terre ! » Pour la cheffe d'exploitation, le tout est de « bien calibrer ses cultures et ses réseaux de commercialisation », c'est-à-dire s'assurer que tout ce qu'elle

© Antoine Boureau

produit sera bien vendu, en circuit court. Et c'est le cas ! Cela lui donne une forme de détachement joyeux, qui lui permet d'être ouverte à de nouveaux projets.

Ainsi, elle accueille de temps à autre sur sa ferme des adultes handicapés, des jeunes envoyés par la Protection judiciaire de la jeunesse, des personnes âgées accueillies par les Petits Frères des pauvres. Ingrid a découvert récemment cette branche sociale de l'« accueil paysan ». Un petit complément de revenus, certes, mais surtout un précieux enrichissement personnel pour une cultivatrice de liens et de rencontres : « Je suis très heureuse de ma vie. » ■

« Ma ferme est une sorte de réserve indienne au bout de Lyon ! »

MARIE
L'OVNI DE LA PLAINE

Alors historienne de l'art et conférencière à l'École du Louvre, Marie de Cuverville avait 28 ans quand elle a repris l'exploitation céréalière de sa mère, après le décès prématuré de celle-ci, en 2001. À la tête de 220 hectares dans la Beauce, à 15 kilomètres de Rambouillet (78), elle s'est heurtée aux regards entendus des « collègues ». Son approche écologique a suscité des railleries, mais celles-ci s'éteignent devant ses réussites.

« En grandes cultures, surtout dans une région de grandes exploitations, l'ambiance reste très business, très macho, très masculine. C'est mon grand problème ! Au bout de vingt ans, je le ressens toujours autant. On pourrait croire que la société a évolué, mais pas du tout. Je suis toujours très seule. La Cuma dont je fais partie compte deux cents adhérents, parmi lesquels une poignée de femmes seulement. Et, comme par hasard, j'y ai pris des responsabilités : vice-présidente, puis, depuis peu, secrétaire. N'avoir que des interlocuteurs masculins, c'est pesant, à force. Ne serait-ce que la façon de parler, souvent brutale, l'humour gras, parfois raciste, c'est lourd ! Je ne suis jamais tombée dans le mimétisme. Ça aurait peut-être été la solution pour m'intégrer !

INNOVATION ET BIODIVERSITÉ

En plus, il y a douze ans, j'ai eu l'audace de passer en bio – j'étais la première dans un rayon de 20 kilomètres. J'ai maintenu le système céréales-oléoprotéagineux, traditionnel en grandes cultures, mais intégralement en bio, ce qui reste rare : luzerne, blé, avoine, seigle, épeautre, petit épeautre, orge, féverole, lentille, pois, tournesol, cameline, betterave sucrière. Cette année, je me lance dans le circuit court sur une petite part de ma production : je vends de la farine, des lentilles, de l'épeautre, de l'huile de cameline et de tournesol, et même du sucre bio extrait de mes betteraves. Je reste un ovni pour certains de mes collègues ! Au début, ils ont bien ricané, ils m'ont jeté des regards hautains. Ce n'est plus le cas aujourd'hui, car j'ai fait mes preuves : mes champs sont aussi propres que les leurs, parfois même plus. Ma ferme est bien tenue, les toits ne s'écroulent pas, et je m'en sors. La baisse des rendements due à la culture en bio est compensée par des prix plus élevés et plus stables, ce qui évite la spéculation. Maintenant, certains viennent me demander des conseils pour passer en bio à leur tour. Mais pour eux, je reste très différente : j'ai longtemps été double active, je me consacre à l'éducation de mes trois enfants, je ne possède presque pas de matériel, je suis innovante dans mes pratiques agricoles... Par exemple, non seulement je suis en bio, mais, en plus, je prête une grande attention à la biodiversité. Toutes mes parcelles sont bordées et traversées par des bandes de jachère, véritables refuges pour la faune sauvage. Mes terres sont un vrai biotope, habitées de plus de gibier, plus d'oiseaux, plus d'insectes, plus de microfaune. Mes voisins sont surpris : ce n'est pas leur logique, personne ne fait ça, ici. Chez eux, on peine à voir du gibier, ils se plaignent de la disparition d'une partie de la faune de plaine – lièvres, perdrix, faisans, lapins de garenne... Chez moi, c'est un spectacle quotidien. » ■

Faisans, lièvres, lapins, perdrix, mais aussi sangliers, biches et cerfs peuplent la plaine. Marie est fière de composer avec eux au quotidien.

« Mes terres sont un vrai biotope, habitées de plus de gibier, plus d'oiseaux, plus d'insectes, plus de microfaune. »

En 2010, Marie a passé ses 220 hectares de terres en bio. En 2015, elle a renoncé à la monoculture céréalière pour renouer avec la polyculture.

ELISABETH & ARIANE

SE FAIRE UNE PLACE, À CONTRE-COURANT

Photos par **Nicolas Anglade**

Elisabeth Porte, 61 ans, et Ariane Lefébure, 49 ans, couple de paysannes, élèvent des chèvres et font du fromage dans le Cantal. Ex-enseignante et ex-architecte, sans agriculteurs dans leurs familles, elles ont su trouver la juste posture pour s'intégrer.

Derrière la barrière, curieuses, les biquettes d'Elisabeth et Ariane se pressent pour accueillir le visiteur. Vingt-trois chèvres, un bouc, cinq chevrettes viennent juste de sortir de la chèvrerie et de ses logettes en bois pour rejoindre le pré qui jouxte la ferme. Le cheptel de l'exploitation est complété par des poules, des abeilles, deux ponettes… et un jardin. Elisabeth et Ariane exploitent 5,5 hectares. « Nous démarrons une production de plantes aromatiques cette année. » Aux alentours, l'élevage de bovins prédomine, principalement pour produire du cantal et du salers. « Mes arrière-grands-parents étaient marchands de toiles ici, raconte Elisabeth. Nous nous sommes installées dans leur maison. Elle n'était plus habitée depuis la fin de la Seconde Guerre mondiale. » Au bout d'un petit chemin, la ferme de pierre au toit en lauze abrite aussi deux chambres d'hôtes.

Le couple s'est rencontré voilà une quinzaine d'années, en Haute-Savoie. C'est d'ailleurs ce goût pour la montagne qui lui a fait choisir les chèvres : « Ça nous rappelle les chamois ! » Elisabeth était alors enseignante et la brune Ariane architecte. Un problème de santé oblige cette dernière à changer de métier. « J'ai eu une maladie des yeux, un kératocône. Je ne pouvais plus faire de plans à l'ordinateur. » Comment réorganiser leur vie ? Ariane, qui a pourtant grandi loin de la ruralité, à Bruxelles, se met en quête d'une idée de reconversion qui allierait la montagne et la nature : « J'ai suivi un parcours ADEMA (accès des demandeurs d'emploi aux métiers agricoles) et l'agriculture m'a paru avoir du sens. C'est aussi complet que l'architecture ! » Ariane prépare un BPREA (brevet professionnel responsable d'exploitation agricole) pendant un an. « Puis nous avons vendu la maison en Haute-Savoie pour venir ici faire du fromage en élevant des chèvres », se souvient Elisabeth. « Nous étions trop âgées pour bénéficier de la prime à l'installation pour les jeunes agriculteurs, mais la chambre d'agriculture a considéré que c'était possible. Notre projet les a convaincus. »

PARTAGER DES MOMENTS FORTS

En une année, les deux femmes créent leur exploitation et lancent la fabrication du fromage, malgré les inquiétudes de la mère d'Elisabeth. « Le fromage est bon. Les mamies du coin nous l'ont dit très vite. Elles retrouvaient le goût du fromage de leur enfance. Ici, on n'élève pas de chèvres pour vendre le fromage, mais les paysans en fabriquaient pour leur consommation personnelle. »

Elisabeth et Ariane ont choisi d'élever des chèvres sur un territoire dont ce n'est pas la tradition.

Les affaires marchent bien dès le départ. Au début, les deux agricultrices assurent quatre marchés par semaine, aujourd'hui, elles n'en font plus qu'un tous les quinze jours. « Nous commercialisons dans les épiceries, la Biocoop, l'Amap et le supermarché du coin. Et nous sommes aussi sur les plateaux de fromage des restaurateurs locaux. »

Ariane se charge de la fabrication des fromages dans un petit laboratoire juste à côté de la grange, au-dessus de la chèvrerie. Au rez-de-chaussée, chaque jour, les deux femmes s'installent côte à côte dans la salle de traite. Elles ont réaménagé le bâtiment pour qu'il soit le plus confortable possible, pour elles deux comme pour les chèvres. En pierre, bois et béton, tout est à leur hauteur et adapté à leur stature. « Travailler en couple, ça permet d'être sur la même longueur d'onde. C'est assez fusionnel, mais c'est un choix. Nous partageons des moments forts, comme la mise bas des animaux ou des décisions difficiles à prendre. L'important, c'est d'être encore capable de parler d'autre chose à table ! »

« Travailler en couple, ça permet d'être sur la même longueur d'onde. »

GAGNER LE RESPECT

Au moment de leur arrivée en Auvergne, un vétérinaire local leur conseille de « faire semblant de ne pas trop savoir grand-chose ». Lorsqu'Ariane fait ses foins, juste après leur installation, elle gagne le respect et la reconnaissance de la communauté alentour. « Nous n'étions ni dangereuses ni concurrentes pour personne. Nos voisins ont été de bon conseil très régulièrement. Ils ont vu que nous étions travailleuses, pas frimeuses. » « La Confédération paysanne a été de bon conseil aussi. Ce sont des gens sur qui nous pouvons compter. »

À aucun moment, Elisabeth et Ariane n'ont senti que leur situation amoureuse dérangeait le monde paysan. « Nous savons juste qu'ils se posent la question de la transmission parce que nous n'avons pas d'enfant. » Sujet douloureux pour elles aussi, car malgré un dossier d'agrément accepté, elles n'ont jamais pu adopter, faute de proposition. Aujourd'hui, elles rêvent que quelqu'un les rejoigne sur la ferme : « Économiquement, ce serait possible, et ça nous allégerait la vie. » Elles rêvent simplement d'avoir parfois un peu plus de temps pour elles : « aller au cinéma de temps en temps, ou prendre des vacances, un week-end ». ■

Outre les fromages de chèvre, le couple de paysannes produit aussi du miel et des plantes aromatiques.

QUATRE VIGNERONNES, UNE MACHINE

Entre des collines calcaires et l'étang de Berre, à rebours des habitudes locales, quatre vigneronnes indépendantes ont investi ensemble dans une machine à vendanger. D'autres matériels ont suivi depuis.

« Nous nous sommes associées par pragmatisme, parce qu'il nous fallait une solution pour les vendanges », raconte Stéphanie Contini. En 2019, le prestataire qui travaillait pour cette vigneronne, et d'autres, met un terme à son activité. « Nous avons fait connaissance à cette occasion, et après quelques réunions, nous nous sommes retrouvées autour de ce projet collectif de Cuma. » Stéphanie Contini est coopératrice des coopératives viticoles de Fare-les-Oliviers et de Berre-l'Étang, Marie-Laure Merlin et Sylvaine Roustan gèrent leurs propres domaines, et Aline Wenz-Guglielmi est en charge des vignes du Domaine de Camaïssette. Des vignes à quelques kilomètres les unes des autres, en AOC Coteaux d'Aix-en-Provence et en IGP Méditerranée.

Pour continuer à produire leurs rosés sans faire exploser leurs charges, les quatre viticultrices ont âprement négocié avec les vendeurs de matériel agricole et obtenu d'excellentes conditions pour une machine à vendanger. Un salarié agricole la conduit. Elles ont financé ensemble l'outil et l'utilisent chacune selon ses besoins. « Que nous soyons des femmes n'a pas posé de problème particulier. Ça amuse les gens parce que ça figure dans notre nom, Cuma des filles de l'Étang, mais ça s'arrête là. »

Aline, Sylvaine, Stéphanie et Marie-Laure exploitent chacune des vignes dans un rayon de 15 kilomètres autour de l'étang de Berre.

© DR

« UN VIEUX DÉBAT QUI N'A PLUS LIEU D'ÊTRE »

Leur département, les Bouches-du-Rhône, est un territoire de productions à fort potentiel économique. Il recense peu de Cuma : pas

« Nous sommes juste des entrepreneuses avec nos compétences, notre savoir-faire, notre expérience. Et qu'on soit des femmes ou des hommes, nous gérons nos exploitations. »

dans les habitudes. Ont-elles fait ce choix parce qu'elles sont femmes ? Elles répondent par une moue dubitative : non, ça n'est pas ça. « C'est un vieux débat qui n'a plus lieu d'être. Nous sommes juste des entrepreneuses avec nos compétences, notre savoir-faire, notre expérience. Et qu'on soit des femmes ou des hommes, nous gérons nos exploitations. » Stéphanie Contini constate : « Techniquement, je n'y connais pas grand-chose en mécanique, mais beaucoup d'hommes non plus ! Donc, quand j'ai une question à poser, je la pose, et puis voilà ! »

Convaincue, elle plaide : « En réunion de coopérative ou dans les rencontres professionnelles, on vous écoute et on vous accorde la même crédibilité et la même attention que si vous étiez un homme. Ça fait très longtemps que je suis dans le milieu, ça n'a jamais été difficile pour moi. La seule chose que je peux remarquer, c'est qu'une femme est jeune plus longtemps... On vous dit plus longtemps que vous avez encore des choses à apprendre. Au début, tout le monde voulait m'apporter ses conseils, comme si j'avais un petit déficit de capacité à être agricultrice. En réalité, je manquais surtout d'expérience, et rapidement j'ai été sur un pied d'égalité. » ■

CHRISTIANE LAMBERT UNE MENEUSE D'HOMMES

Comme pour déjouer les a priori, la FNSEA, plus gros syndicat professionnel agricole, souvent critiquée pour ses positions conservatrices, a été dirigée jusqu'en mars 2023 par une femme. Elle n'a pas été élue pour cela, mais Christiane Lambert a-t-elle porté la voix des femmes ?

Petite brune d'une joyeuse et incroyable volubilité, Christiane Lambert a été, de 2017 à cette année, la présidente de la FNSEA (Fédération nationale des syndicats d'exploitants agricoles), syndicat professionnel historique et majoritaire, avec 212 000 adhérents. En mars 2023, elle est arrivée à la fin de son deuxième et dernier mandat. Elle conserve cependant ses fonctions au sein du syndicat des agriculteurs européens COPA (Comité des organisations professionnelles agricoles), qu'elle dirige et qui milite à l'échelle de l'Union européenne.

TRÈS JEUNE, TRÈS VITE, TRÈS TÔT

L'agricultrice élève des vaches et des porcs depuis toujours. « Je me suis installée seule, à l'âge de 19 ans, à côté de chez mes parents, agriculteurs eux aussi, dans le Cantal. » On est en 1980. Elle vient de décrocher son BTS à l'Institut Saint-Dominique du Puy-en-Velay, où elle est l'une des rares étudiantes en agriculture. Lorsque la jeune femme parle de s'installer, ses professeurs et ses maîtres de stage lui conseillent de « faire autre chose », au motif qu'elle réussit bien ses études. « Mais mes parents ne m'ont jamais découragée. Ils ont compris que c'était mon goût. » Aucune des tâches à accomplir sur la ferme ne la rebute. « Ma grand-mère était super contente que je m'installe. Elle adorait bosser et elle m'a appris à travailler : à couper du bois, à manier la serpe, à débroussailler, à réparer les chaussettes. Je me suis beaucoup retrouvée dans son tempérament fort. Elle avait été veuve à 52 ans, comme ma maman d'ailleurs. »

Peu après son installation, elle participe à une première réunion des Jeunes Agriculteurs dans sa commune. « Nous n'étions que cinq. Nous nous sommes donné l'objectif de construire le groupe cantonal. Après un hiver à sillonner les communes, nous étions cinquante-cinq à l'assemblée générale. En quatre mois, on avait créé une dynamique. » Elle n'a même pas 20 ans lorsqu'elle est élue présidente du syndicat cantonal, en février 1981. Dès lors, elle continuera de grimper dans la hiérarchie syndicale. Ainsi, lorsqu'elle quitte le Cantal pour s'installer avec son mari en 1989, elle reprend tout de suite un engagement syndical dans son canton d'adoption du Maine-et-Loire. Puis monte très vite « au national », dès 1992.

PARITÉ AVANT L'HEURE

Ce parcours, elle le regarde autant avec lucidité que fierté : « Être une femme était une chance, parce qu'autant chez les Jeunes Agriculteurs qu'à la FNSEA, la vice-présidence féminine est

© Franck Beloncle

statutaire, ce qui n'est pas le cas dans tous les syndicats. Dès 1946, lorsqu'ils ont créé la FNSEA et les JA, ils ont dit "il faut des femmes". C'était valeureux à l'époque. » Or, dans les années 1980, peu de femmes sont installées à leur compte. Si bien qu'elle est très sollicitée : « J'ai gravi plus vite les échelons parce qu'il y avait cette obligation. Mais j'ai fait le boulot. Je me suis formée, j'ai beaucoup travaillé, fait avancer les dossiers, préparé mes réunions. » Une analyse que partage la chercheuse Clémentine Comer [lire page 32], pour qui Christiane Lambert « disposait de tout un ensemble de ressources pour accéder à la présidence de la FNSEA. En fait, elle a une carrière d'ascension classique par le canal syndical. »

« Classique », c'est-à-dire en se fondant dans un mode de militantisme masculin : « Elle a aligné rapidement son ethos de représentante agricole sur des canaux militants masculins, dont elle maîtrise le répertoire de confrontation. » En 2017, elle a été élue pour un programme qu'elle résume en quatre points : « plus de prix, moins de charges, plus de revenus et améliorer l'image de l'agriculture ». Consciente que son syndicat est « beaucoup critiqué sur les problématiques environnementales », elle déroule un discours impeccable sur le respect de la nature, sans pour autant parler du bio. Elle se dit inspirée par un vigneron de Bourgogne, labellisé HVE (haute valeur environnementale) et engagé dans

« Être une femme était une chance. »

la réduction des produits phytosanitaires. La santé des agriculteurs est un des sujets sur lesquels elle aimerait sensibiliser. Mais on le voit, la cause féministe n'est pas dans la liste de ses priorités, et la représentation des femmes dans les instances agricoles reste modeste. « Sa prise de parole sur la question de la cause des femmes est presque la résultante d'une carrière militante qui était déjà assise, analyse la sociologue. C'est à partir du moment où elle est devenue une syndicaliste reconnue, avec des mandats dans le haut de la hiérarchie, qu'elle s'est dit "je vais parler au nom des femmes". Elle a un discours, mais il n'a pas été significatif dans le reste de sa carrière. »

CHARGE MENTALE...

Cela dit, c'est bien avec toutes les préoccupations d'une femme active que Christiane Lambert accepte de s'engager au niveau national en 1992. Alors mère de deux jeunes enfants, elle exige de bénéficier du « service de remplacement », ces groupements d'employeurs qui permettent aux agriculteurs d'avoir recours à du personnel qualifié en cas d'absence. Pour son bétail, pas besoin, mais pour ses enfants, elle demande « une nounou » : « J'avais des déplacements d'un à deux jours par semaine. Ça a vraiment été déterminant parce que je ne voulais pas rater ma famille. » Et de reconnaître qu'aujourd'hui encore, trente ans plus tard, « c'est toujours le crève-cœur des femmes, la peur de ne pas réussir à bien concilier le temps familial et le temps professionnel ». Elle regrette qu'en 2022, l'offre de garde d'enfants en service de remplacement soit inégalement répandue sur le territoire. Une analyse que partage la paysanne ariégeoise Laurence Marandola, l'une des secrétaires nationales de la Confédération paysanne, le syndicat opposé : « La bataille n'est pas achevée pour la place des femmes dans l'agriculture. Même pour des droits acquis, il faut continuer de se battre pour rendre effective leur application. La commission femmes du syndicat vient d'éditer un guide du congé maternité parce qu'il n'est pas suffisamment connu des paysannes. La Conf' est féministe, au sens où elle porte l'idée que tou·tes les travailleurs·euses, quel que soit leur genre, doivent bénéficier des mêmes droits. » Néanmoins, le syndicat de gauche a longtemps délaissé le sujet de la place faite aux femmes, en particulier dans ses instances.

… ET IDÉES REÇUES

Perspicace sur les luttes de pouvoir dans le syndicat majoritaire, Christiane Lambert sait s'entourer et clouer le bec à ses adversaires. « Il y a quand même de la part de certains un regard encore paternaliste, constate-elle. Ça change avec la nouvelle génération. » Du haut de ses 61 ans, l'ancienne « patronne » de la FNSEA juge positivement le chemin parcouru par les femmes en agriculture en aussi peu de temps. « Aujourd'hui, 25 % des exploitants et 33 % des actifs dans l'agriculture sont des femmes. Il y a de plus en plus d'installations de jeunes femmes. Grâce à leur esprit d'initiative, et en optimisant leurs compétences et le potentiel de leurs exploitations, les femmes ont trouvé une place. Elles ne sont plus une main-d'œuvre d'appoint comme c'était le cas de nos mères. »

> « Aujourd'hui, 25 % des exploitants et 33 % des actifs dans l'agriculture sont des femmes. »

L'important, pour elle, c'est désormais de lutter contre les idées reçues. « On entend encore parfois que ça n'est pas un métier pour les femmes, ce qui est une ânerie monumentale. » Elle détaille toutes les améliorations techniques, tant dans la mécanisation que dans la manipulation ou la contention des animaux, qui rendent plus confortable le travail. Son syndicat communique régulièrement en mettant les agricultrices en avant. Elle se réjouit aujourd'hui de voir des pères « qui sont super contents d'avoir une fille qui reprend et qui en sont vraiment fiers ». C'est loin d'avoir toujours été le cas, et son engagement, certes pas féministe en soi, a sans doute contribué à faire évoluer les esprits. ■

→ Pour aller plus loin

À VOIR

- ***Les Immortelles***, réalisé par Pierrick Laurent et Léa Rossignol (2021). Ce film documentaire entend saisir l'âme paysanne à travers trois femmes qui font ou ont fait le métier d'agricultrice. Trois générations sont représentées : Marie-Louise, 82 ans, Pascale, 55 ans, et Annelise, 30 ans. Leurs exploitations sont toutes situées en Haute-Loire. Facebook ou Instagram : @filmlesimmortelles
- ***Moi, agricultrice***, documentaire de Delphine Prunault (2022), diffusé sur LCP (en ligne jusqu'en mai 2025). Ce film de 52 minutes retrace le combat des femmes agricultrices pour la reconnaissance de leur travail : « Leur émancipation, elles l'ont conquise à la sueur de leur front, jour après jour, dans leur ferme, dans leur couple, en bataillant contre l'ordre patriarcal et le machisme du monde paysan. »

À LIRE

- ***Il est où le patron ? Chroniques de paysannes*** (Marabout, 2021). Dans cette BD, la dessinatrice Maud Bénézit a mis en images les témoignages de cinq « paysannes en polaire », installées en Ardèche ou dans le Briançonnais. Elles racontent leur quotidien, les remarques sexistes, les coups de main et les coups de mou.
- ***Les Pieds dans la terre*** (Les Éditions des Éléphants, 2022). Dans cet album jeunesse de Claire Lecœuvre et Arnaud Tételin, on découvre cinq portraits de familles d'agriculteurs, sur plusieurs générations. Cinq histoires de successions, de grand-mère en fils, de fils en fille… Des terres qui évoluent, des façons de faire qui changent.

À ÉCOUTER

- **« La jeune fille et la ferme »**, Arte Radio, podcast d'Yves Deloison (2021), également auteur, avec Stéphanie Maubé, de *Il était une bergère* (Le Rouergue, 2020). Dans ces deux œuvres, l'une à écouter, l'autre à lire, le journaliste documente le genre et la transmission dans le monde agricole, avec le département de la Manche pour décor. arteradio.com/son/61668581/la_jeune_fille_et_la_ferme
- **« Filles de vigne »**, podcast réalisé par Marie-Ève Lacasse et Laurent Le Coustumer (2020). Une première saison est déjà en ligne avec douze épisodes. « Nous avons entendu une pensée féministe qui va bien au-delà d'un désir d'enrichissement ou de pouvoir. Ainsi, pour beaucoup de vigneronnes et d'agricultrices, le féminisme de la terre est celui d'une décroissance heureuse et d'une vie courageuse à l'écart des normes du bon goût », témoignent les auteurs. fillesdevignes.com

LES JARDINS DE
GAÏA
GRANDS THÉS BIO
Mama Rose
Rooibos
Hibiscus
TISANE DE PLANTE
REVITALISANTE
Sencha Chine
Arlette Rohmer
Fondatrice des Jardins de Gaïa
Barend Salomo
Coopérative Wupperthal
(Afrique du sud, janvier 2022)
Burkina Faso
Chine
Portugal
DES SAVEURS
QUI ONT DU SENS
PIONNIERS DU COMMERCE ÉQUITABLE
Thés, rooibos
& infusions bio et équitables
demeter
WORLD FAIR TRADE ORGANIZATION
www.jardinsdegaia.com

INSPIRER

« L'insouciance est le seul sentiment qui puisse inspirer notre vie et ne pas disposer d'arguments pour se défendre. »
Françoise Sagan

JEAN-PHILIPPE PIERRON

« FAIRE L'EXPÉRIENCE DE TOUT, EN PLEINE PRÉSENCE »

Propos recueillis par **Sabah Rahmani** • Photo par **Bertrand Gaudillère/item**

Philosophe, enseignant à l'université de Bourgogne, Jean-Philippe Pierron est l'auteur de nombreux ouvrages portant sur la santé, l'écologie, les valeurs et relations de soins. Dans ses derniers ouvrages, *Méditer comme une montagne* notamment, il nous invite à renouer en profondeur avec nos sens pour mieux nous relier au vivant.

BIO EXPRESS

1964
Naissance à Nancy

2016
Doyen de la faculté de philosophie (université Lyon 3)

Depuis 2016
Directeur de la chaire d'études Valeurs du soin (université Lyon 3)

Depuis 2019
Membre du conseil scientifique du Campus de la Transition (Forges)

Depuis 2022
Responsable du master Humanités médicales et environnementales (université de Bourgogne-Dijon)

Dans votre livre *Méditer comme une montagne*, vous dites que la consolation, c'est « tenter de prendre soin » en se disant notamment « je choisis la vie ». Qu'entendez-vous par là ?

Cela part d'une hypothèse selon laquelle si l'on parle tant du vivant aujourd'hui, c'est parce que les puissances de mort sont considérables. Choisir la vie, c'est ne pas ignorer qu'on peut choisir la mort. On parle de sixième extinction de masse et, plus généralement, de nécrocapitalisme. Un monde est en train de s'éteindre ; c'est l'idée de la collapsologie, de l'effondrement. Avec la déclinaison de tout un lexique en « -cide », on découvre qu'une bonne partie de notre tranquillité sociale se déploie sur fond d'une culture de mort : raticide, fongicide, herbicide, pesticide et maintenant écocide. On pourrait l'analyser comme une pulsion de mort, reconnaissable à l'idée de tout maîtriser, de tout contrôler, pour ne surtout pas avoir de mauvaises surprises et avoir une paix qui ressemble à une « paix des cimetières ». Mais qui sommes-nous pour prétendre échapper au côté abrasif du monde ? Choisir la vie est un choix ontologique autant qu'éthique et politique. C'est oser aller vers l'imprévu des autres, de tous les autres, ne pas craindre de s'exposer à la rencontre de tout ce qui, parmi les vivants, nous rend vivant. C'est oser la pluralité des possibles.

La question est aussi de savoir comment cette dimension très originaire du « choisir la vie » se décline. Cela devient alors une catégorie éthique qui essaie d'identifier ce qui nous rend existant et nous invite à aller du côté des vivants, notamment autres que les humains : les végétaux, les animaux, etc. Trouver le sens de ce que signifie « prendre corps » parmi les corps. C'est, enfin, découvrir ce qui nous vitalise et nous soutient pour persévérer en notre être. L'idée que les diverses formes de vie, majuscules ou minuscules, contribuent non seulement à notre subsistance organique, mais aussi à notre substance intérieure, dans nos interdépendances avec les autres vies.

C'est en ce sens que vous parlez de « relation spirituelle au vivant » ?

J'essaye de chercher du côté de cette dimension spirituelle, sans aller trop vite du côté du religieux. L'enjeu de la transition écologique et sociale n'est pas uniquement de l'ordre de la connaissance ou du pouvoir technique, même si cela importe évidemment. Il n'est pas non plus uniquement éthique et politique, avec des changements d'attitude visant davantage de sobriété, même si c'est décisif. Cet enjeu est aussi lié à une signification originaire profonde, celle de se reconnaître être parmi les êtres, être en relation, identifier notre caractère profondément relationnel et, pourquoi pas, oser vivre une forme de gratitude. Quand je dis « profondément relationnel », cela fait allusion à l'écologie « profonde », attentive à la consistance intérieure du soi écologique. L'écologie profonde fait l'objet de notre attention et montre les raisons qui font que nous nous sommes, momentanément, coupés du vivant.

La question du spirituel est aussi liée, selon moi, à l'engagement dans la transition écologique et sociale. Je formule ce lien, comme le philosophe Jean-Pierre Dupuy, en constatant que, souvent, nous n'arrivons pas à croire ce que nous savons. Par exemple, on sait ce que les rapports du GIEC et les COP nous disent sur l'extinction de la biodiversité, mais on découvre que rien – ou si peu – ne change : cela montre qu'il ne suffit pas d'être informé pour changer. Tout comme on n'arrête pas de fumer quand on nous dit « fumer tue ». Nos raisons d'agir ne sont pas toutes des raisons. Si l'on est uniquement dans une position morale, on risque de s'épuiser. On voit ainsi comment des gens tellement engagés finissent par s'épuiser et ont l'impression qu'ils n'y arriveront jamais : ils font un burn-out militant. La dimension spirituelle, c'est se demander comment prendre soin de nos intériorités et travailler à ce qui fait notre consistance profonde pour préparer des résistances extérieures. Il s'agit de prendre soin de son désir d'être profond, abîmé par une société de consommation qui installe en nous une confusion entre désir d'être et envie d'avoir.

Pourquoi insistez-vous tant sur l'importance du sensible ? Permet-il de toucher plus directement notre être profond ?

La sixième extinction des espèces s'accompagne selon moi d'une autre extinction : l'anesthésie de nos sensibilités, accompagnée de la disparition d'une multitude de petits gestes d'attention que portaient les métiers, les arts, des égards, des pratiques de ménagement du monde. Avec cette mise à distance via le déploiement tous azimuts des écrans, la porte d'entrée du monde à partir d'un clic rétrécit nos existences, favorisant la domination du regard et la généralisation de la

« La société de consommation installe en nous une confusion entre désir d’être et envie d’avoir. »

vidéosurveillance dans la vie quotidienne. Cette idée du pilotage du monde par le levier, par l'œil virtuel de Big Brother n'est pas l'œil qui sent et se laisse toucher. Ce pilotage du monde est extrêmement anesthésiant parce qu'il produit une expérience assez homogène et uniforme du monde. On le voit très bien avec la manière dont on gère les relations via les réseaux sociaux. Mon idée est que cette culture anesthésie et engendre la perte du sensible. Il faut y répliquer par une insurrection des gestes et des attentions minuscules.

La crise écologique et sociale que l'on traverse est donc une crise d'un rapport désincarné au monde. Car cette présence corporelle au monde n'est pas uniquement liée à la matière. C'est notre site, au sens de notre situation dans le temps et dans l'espace, qui donne un point de vue singulier. C'est aussi à partir de lui que nous nous déployons comme sujet. Cette dimension nous renvoie au fait d'être du monde, de l'habiter enfin dans la profondeur. Ce qui m'a aidé à penser la question du sentir, c'est la formule du psychiatre phénoménologue Erwin Straus, qui dit que « le sentir est plus profond que le percevoir ». Cela veut dire qu'avec la perception de mon moi, qui peut être oculaire, olfactive, etc. – et sachant que notre société est quand même dominée par le visuel –, on a tendance à projeter le monde un peu comme un paysage auquel nous ne serions pas vraiment liés. Cette manière de percevoir encourage une forme de dualisme du sujet et de l'objet, alors que sentir, c'est essayer de retrouver ce que signifie être là, dans la profondeur de la situation. Sentir est plus profond que percevoir, que voir. C'est être attentif à toutes ces expériences très fragiles. Car si notre être est fugace, il a son accordage immédiat, ce que le sociologue allemand Hartmut Rosa appelle la « résonance ». Une métaphore très musicale selon laquelle sentir, c'est restituer des liens avec ce qui, pour nous, fait monde, en faisant l'expérience de tout, en pleine présence. C'est de cela dont il est question : comment être là et y être vraiment ? C'est ce rapport à la présence, effectivement au sens spirituel, qui m'intéresse : essayer, pour habiter durablement, de sentir en profondeur, d'être là, vraiment.

« La crise écologique et sociale que l'on traverse est donc une crise d'un rapport désincarné au monde. »

Que signifie alors « méditer comme une montagne » ?

Cette formulation peut en effet rendre perplexe, car une montagne, a priori, ça ne médite pas, ça ne pense pas ! On pourrait méditer en pensant à une montagne, mais ce serait faire de la montagne un objet de représentation intellectuelle. Or, il ne s'agit pas de « penser à une montagne » ou de « méditer à une montagne » ni de « méditer en montagne », un peu à la manière de ce que faisaient les moines du désert pour se concentrer, cherchant des endroits qu'ils appelaient « déserts », loin des stimulations urbaines, pour retrouver des joies élémentaires – même si l'inhabité des montagnes n'est souvent qu'apparent. « Méditer comme une montagne » est une analogie qui consiste à se dire : « Et si je regardais ma vie en me mettant dans cette position qui décentre du sujet, qui ne pense le tout qu'à partir de lui, comme le garde encore en réserve l'idée "d'environnement" ? » Avec modestie, sans anthropocentrisme, sans se prendre pour le centre de tout, mais en s'envisageant depuis une autre perspective. « Méditer comme une montagne », c'est s'installer dans le vertige d'un temps plus long et plus vaste que nous, en amont comme en aval de nous. Celui du temps géologique, immense à l'échelle d'une vie humaine. Se rendre disponible et conscient à cette temporalité, plus vaste que la nôtre, n'est pas là pour nous humilier, mais pour nous restituer à la hauteur de l'humus de notre humanité, pour nous « humiliser ». « Méditer comme une montagne », c'est, bien sûr, aussi un clin d'œil à la formule de l'écologue états-unien Aldo Leopold, qui invitait à « penser comme une montagne » et, à partir de là, à réaliser de multiples exercices : penser comme un fleuve, comme un iceberg, etc. Cela questionne nos manières d'habiter la Terre, parfois oublieuses du fait que nous sommes des passagers d'une histoire plus vaste que nous. Il ne s'agit pas de faire disparaître l'humain, par une dilution de soi, pour n'être plus que grains de poussière, ce que nous sommes aussi, mais de se resituer à sa juste place. Non pas moins penser l'humain, mais le penser mieux, dans la conscience de ses interdépendances. ■

→ Pour aller plus loin

- Jean-Philippe Pierron, *Méditer comme une montagne. Exercices spirituels d'attention à la Terre et à ceux qui l'habitent*, Les Éditions de l'Atelier, février 2023
- Jean-Philippe Pierron, *Pour une insurrection des sens. Danser, chanter, jouer pour prendre soin du monde*, Actes Sud, « Voix de la Terre », mai 2023

S'ADAPTER

Texte par **Jonathan Attias** • Photo par **Alicia Blancher**

Je m'appelle Jonathan Attias et je vis depuis quatre ans avec ma femme et nos deux filles en habitats légers, au cœur de la nature. Ensemble, nous agissons en désobéissance fertile pour permettre à tous les humains qui y aspirent de vivre harmonieusement avec les autres êtres vivants et de consacrer leur existence à agrader les territoires, quoi qu'en disent les lois. Ce journal de bord raconte mon quotidien de néotonome cherchant sa place dans la grande toile de la Vie.

Ne doute pas de tes capacités d'adaptation... mais sois prêt à encaisser les coups. Tel un roseau, tu apprendras à plier sans rompre. Et pour cela, le temps sera ton principal allié. Ne néglige jamais cette composante. Comme lors de tout changement de vie un tant soit peu radical (et, dans le cas présent, l'étymologie latine du mot « radical », *radix*, « racine, origine première », résonne tout particulièrement puisqu'il s'agit bien de « revenir aux racines »), tu passeras par une phase de chaos où tes doutes domineront tes certitudes, une période durant laquelle tu caresseras le désespoir. On passe tous par là, car nul ne peut renaître sans avoir préalablement expérimenté la mort. La mienne, de mort, je l'ai d'abord ressentie socialement, lors de mon premier hiver en dehors de la ville.

Nous achevions un voyage de six mois en van avec Caroline, mon alliée, et notre fille aînée. À l'approche de l'hiver, nous avions élu domicile dans un petit chalet en Corrèze à l'écart d'un hameau, lui-même reculé, loin de toute civilisation. Le jour, je consacrais mon temps à aménager notre future cabane, mais aussi à flâner et contempler ces nouveaux « pays sages » et la diversité de leurs couleurs automnales. Plongé les mains dans l'argile pour enduire les murs de notre habitat, je me sentais fort et plein de vitalité (la terre apporte cette sensation à quiconque la manipule). Mais le soir venu, lorsque

« TEL UN ROSEAU, TU APPRENDRAS À PLIER SANS ROMPRE. »

je retournais au chalet, des crises d'angoisse me submergeaient. J'avais beau les anticiper, tous les soirs, elles reprenaient, sans que je puisse y changer quoi que ce soit. J'observais ma situation et me demandais le plus sérieusement du monde ce que je faisais ici, isolé avec femme et enfant dans une région où je ne connaissais personne, alors que ma vie passée parisienne était des plus épanouies en matière d'interactions sociales. J'avais le sentiment que le Monde poursuivait son existence et que je m'en écartais. Je déprimais tellement que mes seuls motifs de réjouissance consistaient à m'imaginer tout plaquer pour retourner en région parisienne dans cette joyeuse colocation que j'avais laissée. J'arrivais, sans aucune difficulté d'ailleurs, à trouver des excuses à un départ précipité et parvenais à me convaincre que les six mois d'exploration précédant cette installation étaient déjà d'une grande richesse en matière d'apprentissages.

LAISSER LE TEMPS AU TEMPS

Heureusement que j'avais Caroline pour me raisonner, elle qui conservait toute sa lucidité face à mes crises de panique. Heureusement aussi que l'état de la planète m'empêchait de faire machine arrière (en réalité, un abandon aurait aussi signifié la fin d'un espoir pour l'avenir). Alors, je serrais les dents, je faisais le dos rond. Je répondais au vide par le vide, ne faisant rien d'autre qu'attendre que cet état passe. Et cela fonctionna.

Cet état dépressif s'estompa avec l'arrivée du printemps. Je pus même l'oublier durant toute la belle saison. Mais, quand l'hiver repointa le bout de son nez, je ne pus m'empêcher de penser que ces troubles émotionnels allaient revenir. Il n'en fut rien. Mon esprit s'était non seulement adapté à la diminution d'interactions et de luminosité, mais, en plus, il avait pris goût au silence ainsi qu'au réconfort d'un cocon bien chauffé. Cette nouvelle saison hivernale et toutes les suivantes furent finalement pour moi les plus reposantes.

Depuis, je chéris la petite mort qui se présente, car elle est une occasion de faire le point et de me remettre en question pour accueillir les changements nécessaires à mon évolution. Bien sûr, je traverse toujours des épisodes de déprime à cette période. Mais, connaissant ma nature, je sais m'y adapter désormais. Il suffit d'une génération pour nous adapter. Ne l'oubliez jamais. ■

NOS CONSEILS

Prenez le temps d'effectuer une transition par étapes. En ce qui nous concerne, nous sommes passés par différents modes de vie avant de nous installer en autonomie dans une cabane ou dans une yourte. Prenez le temps à chaque fois de distinguer les besoins qui vous semblent essentiels de ce dont vous pouvez vous passer, et avancez progressivement. Nombre de gens se sont lancés du jour au lendemain et ont explosé au bout de quelques mois, éprouvant finalement du dégoût pour ce changement de vie trop soudain. Commencez peut-être par passer un week-end, puis une semaine, en participant à un chantier collectif. Si vous avez identifié un territoire qui vous plaît, prenez une petite location dans un bourg, pour ne pas être trop excentré, et participez aux activités d'un lieu ou d'une association avec qui vous avez tissé du lien. Avec le temps et selon votre volonté d'exploration, vous irez toujours plus loin et vous pourrez déterminer ce qui convient tout à la fois à votre conscience, pour cheminer vers votre cohérence, mais aussi ce qui vous met en joie.

Matières Vivantes

Sororité et antisexisme ouvrent le bal

Répartis sur six parquets, quelques milliers de participants sont venus de toute l'Europe pour danser au festival de Gennetines.

Texte par **Simon Renou**

Un peu partout en France, des festivals organisent des bals où se rencontrent des personnes de tous horizons, de toutes générations. Les corps s'y rencontrent avec allégresse, mais un geste, une remarque blessante viennent parfois gâcher la fête. Pour briser les tabous sur le consentement et les oppressions sexistes, le collectif Matières Vivantes mise sur la sororité.

Entre juillet et août 2022, au cœur d'un été brûlant, la température monte au Grand Bal de l'Europe, à Gennetines (Allier) et le climat n'en est pas le seul responsable. Mazurka, polka, bourrée trois temps, branle du Poitou… Parfois, le plaisir partagé continue après une valse et des couples se forment. Rencontrée à l'ombre des rares arbres du site, Manou Benoit, cofondatrice de Matières Vivantes, explique que « les attentes varient selon les personnes. Les bals sont aussi des lieux de drague, mais ce n'est pas "affiché" pour. Beaucoup viennent seulement danser. » Comment faire des bals des espaces épanouissants pour toutes et tous ? C'est la question que s'est posé ce collectif féministe, créé en 2020, qui a mis en place plusieurs dispositifs de sensibilisation sur les festivals.

C'est à Gennetines, petit hameau de l'Allier, qu'a été tourné le documentaire *Le Grand Bal*. Le film, réalisé par Laetitia Carton et sorti en 2018, a contribué à populariser la pratique des danses traditionnelles qui connaissait déjà un regain d'intérêt depuis plusieurs années. Les organisateurs du festival ont monté au milieu des champs pas moins de six parquets pouvant accueillir quelques milliers de participants venus de toute l'Europe. En journée, on découvre ou on perfectionne les chorégraphies essentielles. La nuit tombée, vient le temps du bal. Un public de tous âges se côtoie sous les différents chapiteaux. Un homme en short et chemise à carreaux, la soixantaine, invite une jeune femme en talons hauts sur un espace dédié au tango. Sur une autre scène, un jeune homme au torse nu danse une scottish énergique avec un autre homme en faisant tournoyer sa jupe fleurie.

À première vue, les danseurs semblent faire fi des catégorisations de genre ou d'âge. Pourtant, les pratiques sexistes venues d'un autre temps ont la dent dure. Laura raconte en avoir fait les frais alors qu'elle dansait une valse : « Un homme d'un certain âge m'a dirigée et reprise comme si j'étais une mauvaise élève. » Lors d'un autre entretien, Sophie confie, attristée : « À partir d'un certain âge, les hommes ne vous invitent plus. J'en suis réduite à rester sur le côté et à regarder les autres danser. » Pour Manou Benoit, il s'agit là de situations d'oppression : « Il existe un rapport de domination systémique par un groupe de personnes, les hommes, sur un autre groupe, les femmes. Le milieu des bals n'en est pas exempt. »

QUAND LE CONSENTEMENT S'INVITE DANS LA DANSE

À Gennetines, comme dans la plupart des bals, les corps virevoltent de parquet en parquet jusqu'au petit matin, où les plus téméraires se retrouvent pour le fameux « bœuf ».

Dans une ambiance feutrée, on danse la mazurka en abrazo, ouvert ou fermé.

« On a beau avoir dansé des centaines de fois, il arrive encore de vivre des situations violentes. »

Ce concert improvisé commence alors que toutes les scènes officielles ont fermé. Certains dansent en abrazo, corps contre corps. C'est un moment où plaisir de la danse, sensualité et séduction peuvent se confondre. Ophélie, une danseuse, témoigne : « Mon partenaire peut avoir des attentes alors que moi, j'ai juste beaucoup aimé la danse et rien de plus. La dernière fois, j'ai prévenu un garçon qu'il n'y avait pas de sous-entendu et il ne m'a plus invitée. » Manou Benoit confirme : « Dans les danses de couple, on se touche et on se laisse toucher. Forcément, cela peut créer des moments de sensualité. Certaines personnes vont tout de suite projeter chez l'autre des désirs érotiques alors qu'on ne se situe pas au même endroit. »

Cette ambiguïté peut engendrer des situations plus graves. À la mi-août, autre festival, autre ambiance. À Saint-Gervais-d'Auvergne, les deux scènes de Comboros accueillent des groupes « trad' » et des concerts de musique actuelle. La variété de la programmation fait la renommée de l'événement. Léa, danseuse rencontrée sous le chapiteau, confie son aventure de la veille : « Je dansais depuis longtemps avec un garçon et cela se passait très bien. Il y avait quelque chose de fusionnel. À un moment, il a exprimé son désir d'aller plus loin, puis ne m'a plus lâchée pendant des heures, comme un berger avec sa brebis… » Certains hommes insistent au milieu même des danseurs. Laure a 35 ans. Cela fait vingt ans qu'elle danse dans les bals folks. Elle avoue : « Il y a toujours des moments où je me sens mal à l'aise. » Un jour, un homme l'a invitée pour une valse : « Dès le début, nous étions trop proches. J'ai essayé de m'écarter, mais sa poigne de fer m'a tenue très fortement pendant toute la danse. Je n'ai jamais oublié. On a beau avoir dansé des centaines de fois, il arrive encore de vivre des situations violentes. » Laure n'est pas la seule à avoir dansé sous la contrainte.

Cet été 2022, Matières Vivantes a recueilli des témoignages à travers toute la France qui ont été diffusés dans des boîtes d'écoute au sein même des festivals. « Avec ce dispositif, "Carlophonik", notre objectif était de faire entendre des situations qui ont eu lieu au sein même du bal en question », explique Manou Benoit. ▸▸

© Cédric Bois

Obiozz
Natural
Le concept écologique

© Deronzier

© Deronzier

HARVIA

PÊCHE RESPONSABLE
Démarche contrôlée par un organisme indépendant
en savoir plus
RICHE EN OMÉGA 3, VITAMINES D ET B12
FILETÉS ET EMBOÎTÉS À LA MAIN
PÊCHE RESPONSABLE
Démarche contrôlée par un organisme indépendant
Phare d'Eckmühl
BRETAGNE
FILETS DE MAQUEREAUX
huile d'olive vierge extra bio
NOUVEAU FORMAT
Phare d'Eckmühl
BRETAGNE
LE POISSON NATURELLEMENT SI BON
Riche en oméga 3, vitamines D et B12
Pêchés au large des côtes irlandaises et écossaises
Préparé en Bretagne à Douarnenez
DOUARNENEZ

« Pour l'instant, les participantes ont surtout partagé des oppressions ou une position inconfortable lors d'une danse ayant eu lieu par le passé, mais ce média nous permet déjà de transmettre que les bals ne sont pas exempts de rapports de domination présents dans le reste de la société. » Lorsqu'on lui demande si elle n'a pas peur que ces actions rebutent certaines à venir danser, la militante féministe répond : « Bien sûr, mais il se passe sur les parquets des choses fabuleuses et c'est bien pour cela que l'on se mobilise. Les changements sociétaux depuis #metoo améliorent la sécurité et le bien-être des femmes en bal et cela nous donne de l'espoir. Apporter une vigilance à la notion de consentement dans la danse ne peut apporter que du mieux. »

Ces danseuses ont choisi de danser entre femmes. Certaines ne souhaitent plus du tout danser avec des hommes.

« Les bals ne sont pas exempts de rapports de domination présents dans le reste de la société. »

INTELLIGENCE COLLECTIVE ET EMPOUVOIREMENT

Il est dix heures, le dimanche matin, les paupières peinent à se décoller dans la salle des fêtes de Saint-Gervais-d'Auvergne. Une dizaine de personnes attendent le début de la pièce *Un bal ordinaire* jouée par les membres de Matières Vivantes. Manou Benoit introduit quelques notions-clés : « En situation de violence, il y a plusieurs facteurs qui empêchent les femmes de réagir. Des études sociologiques montrent que nous ne sommes pas éduquées à nous défendre en tant que personnes minorisées. Le biais d'empathie est l'idée selon laquelle nous sommes beaucoup plus enclines à faire passer l'ego de la personne oppressive avant nos propres limites. Dans les bals, par exemple, interrompre une valse est mal vu. Ici, nous travaillons contre cela. » L'oratrice invite les participant·es à s'informer sur un autre processus psychique qui empêche les victimes de réagir à une situation violente : l'effet de sidération. Théorisé par la docteure Muriel Salmona, ce mécanisme de défense neurobiologique est activé par le caractère impensable de la violence. « Dans des situations improbables, comme dans un bal, être contrainte peut provoquer cet effet incontrôlable et empêcher les victimes de réagir », alarme Manou Benoit.

Les militant·es de Matières Vivantes font appel à l'intelligence collective pour trouver des solutions applicables dans ces situations. Leur pièce est inspirée du théâtre-forum, une forme interactive théorisée par le dramaturge brésilien Augusto Boal. Le principe est simple : les comédiennes jouent une scène d'oppression sexiste inspirée de faits réels que le public interrompt pour prendre la place de la victime ou d'un allié potentiel. « Rendre son corps tout mou ou tout dur, verbaliser le malaise, interrompre la danse par une excuse, comme vouloir aller aux toilettes... », énumère Manou Benoit. « C'est le fait d'improviser devant un comédien oppresseur qui permet d'inventer des sorties de crise réalistes. C'est un moyen d'empouvoirement qui donne la capacité à exprimer et à alerter sur des situations d'oppression. Ensemble, nous sommes solidaires en tant que femmes. C'est cela la sororité ». ■

→ Pour aller plus loin

- collectifmatieresvivantes.fr
  Vous souhaitez découvrir le théâtre-forum dans une perspective antisexiste dans les bals et dans la danse ? Le collectif organise des stages de théâtre de l'opprimé·e et pratiques corporelles.
- D^re^ Muriel Salmona, *Violences sexuelles. Les 40 questions-réponses incontournables*, Dunod, 2021

LES COMPAGNONS BÂTISSEURS REDONNENT GOÛT AU BRICOLAGE

Texte par **Alicia Blancher**
Photos par **Eléonore Henry de Frahan, collectif Argos**

Il existe quatorze antennes régionales des Compagnons Bâtisseurs en France.

Les Compagnons Bâtisseurs accompagnent les ménages modestes dans l'amélioration et l'entretien de leur logement. L'association organise ainsi des rencontres avec des professionnels lors de chantiers d'autoréhabilitation accompagnée chez les particuliers ou lors d'animations collectives. En Île-de-France, l'antenne régionale mène ces ateliers dans les quartiers prioritaires de la politique de la ville[1]. Le but : former gratuitement au bricolage et montrer à chacun·e sa capacité d'agir.

Une bibliothèque, des tableaux en liège, une *give box*[2]... À l'accueil de la Maison de l'Habitat (MHAB)[3] de Montfermeil, dans la banlieue est de Paris, le mur est tapissé d'affiches illustrant la future décoration du lieu. À l'œuvre de cette métamorphose à venir, non pas Valérie Damidot – la célèbre animatrice de l'émission « D&CO » –, mais l'association Les Compagnons Bâtisseurs Île-de-France, qui vient en aide aux personnes en situation de mal-logement et forme gratuitement au bricolage.

Ce mardi matin, quelques jeunes de la mission locale[4] sont réunis pour une animation collective : un chantier solidaire de rénovation de l'entrée de la Maison de l'Habitat, qui a débuté la veille. Maissa, 19 ans, et Hager, 21 ans, s'appliquent à découper un tissu pourpre et soyeux, sous le regard attentif d'Abdelkader Boussaha, animateur technique des Compagnons Bâtisseurs. À côté d'elles, des dossiers de chaises d'un mauve suranné encombrent la table en bois qui fait office d'établi. « Scrap, scrap »... Après plusieurs coups d'agrafeuse, les chaises font peau neuve en rouge.

« Avant de venir, je pensais que j'allais uniquement observer, parce que c'est dangereux de bricoler, avec tous les outils que l'on manie. Donc c'est chouette de pouvoir tester », témoigne Maissa, emmitouflée dans sa doudoune noire.

LEUR MONTRER QU'ILS ET ELLES SONT « CAPABLES »

Cette ancienne étudiante en fac de langues prend plaisir à « se servir de [ses] mains » : « Je n'ai jamais fait beaucoup de travaux manuels, alors que je vois souvent mon père faire du bricolage », reconnaît la jeune fille originaire de Clichy-sous-Bois, commune limitrophe de Montfermeil. Pour Maissa, qui anticipe ses besoins avec pragmatisme, c'est comme une « mini-formation » : « Si je peux le faire moi-même, cela m'évitera de faire appel aux artisans et de payer de la main-d'œuvre. »

Alors que les deux amies arrivent au bout de leur premier « dossier », Abdelkader vient vérifier leur travail. Le tissu n'est pas assez tendu. Il faut retirer quelques agrafes. Maissa a la mine déconfite. « Il n'y a que ceux qui ne font rien qui ne se trompent jamais ! », la rassure avec douceur Abdelkader. Frustrée de « ne pas avoir réussi du premier coup », la jeune fille suit les nouvelles instructions avec attention, tout en se cherchant quelques excuses : « Après, Kader [Abdelkader se fait appeler ainsi], il est perfectionniste, ce n'est pas évident. » L'animateur plaide coupable en souriant : « Défaut de fabrication. »

« Il n'y a que ceux qui ne font rien qui ne se trompent jamais ! »

Dans l'atelier de bricolage, Tom et Rafiou se sont attelés à la fabrication de la *give box*.

Pour Abdelkader, il est important de montrer à ces volontaires qu'ils sont « capables de bricoler ». Leur redonner confiance en eux, concrètement. Pour d'autres, c'est l'occasion de parfaire leurs compétences. Comme pour Tom, 21 ans, qui a travaillé deux ans dans le bâtiment. Dans l'atelier de bricolage, accolé à l'entrée de la Maison de l'Habitat, le jeune homme est comme un poisson dans l'eau. Agenouillé au milieu des sciures de bois, il s'attelle à construire la *give box*. Après avoir « négocié » avec sa conseillère de la mission locale, il va finalement pouvoir rester l'après-midi. « J'esquive l'atelier CV, glisse-t-il malicieusement. Je n'aime pas rester assis. »

« FAIRE AVEC ET FAIRE ENSEMBLE »

Au-delà de ces animations collectives, Les Compagnons Bâtisseurs interviennent aussi chez les particuliers, lors de chantiers d'autoréhabilitation accompagnée (ARA)[5]. Les bénéficiaires, des publics modestes, sont aidés pour améliorer leur logement, mais doivent aussi être « acteurs » de cette rénovation. « Faire avec et faire ensemble », c'est LE credo de l'association. « C'est important de pratiquer une première fois avec quelqu'un qui peut nous guider, cela nous permet ensuite d'être beaucoup plus à l'aise pour faire tout seul », assure Coline Berlaud, directrice des Compagnons Bâtisseurs Île-de-France. Pour elle, il s'agit bien de motiver la « capacité d'agir ». Et pas seulement pour sa maison.

« C'est important de pratiquer une première fois avec quelqu'un qui peut nous guider…

En effet, pour la directrice, prendre soin de son intérieur agit sur tout notre quotidien : « On intervient sur de petits "dysfonctionnements" qui ont, en réalité, des impacts lourds pour ces familles : des impacts en termes d'image de soi, car on ne reçoit plus quand on a honte de son sol trop abîmé ; des impacts économiques, car si le robinet fuit depuis des mois, la facture d'eau s'alourdit, etc. Nos interventions permettent parfois d'impulser une nouvelle dynamique, pour trouver un emploi, pour changer son mode de fonctionnement familial ou faire appel à ses droits. »

> **… cela nous permet ensuite d'être beaucoup plus à l'aise pour faire tout seul. »**

Pour transporter le matériel, et animer certains ateliers, Les Compagnons Bâtisseurs sillonnent les rues avec leur bricobus.

BRICOLER, C'EST APAISANT

Claudia Marchese est une habituée des activités de la Maison de l'Habitat de Montfermeil. La veille, cette employée d'un laboratoire médical a découvert par hasard l'animation des Compagnons Bâtisseurs et a participé à la conception de la *give box*. « Hier, en sortant, j'avais envie de trouver des planches partout et d'en visser toutes les surfaces », s'amuse-t-elle, en inspectant les assises de chaises à tapisser.

Au-delà de la découverte de techniques de bricolage, Claudia apprécie l'ambiance de ces ateliers où elle peut rencontrer d'autres habitant·es. Elle est toute seule ce mardi, mais qu'importe. La compagnie d'Abdelkader, de Tom et des salariés de la Maison de l'Habitat est tout aussi plaisante. Tous semblent aspirés par leur tâche, travaillant minutieusement et en silence. Quelques effluves de sciure de bois redoublent la douceur de l'atmosphère. « C'est apaisant, pas de stress, pas de pression. Il ne manque plus que de la musique et je plane », confie Abdelkader. Ce n'est pas tombé dans l'oreille d'un sourd ou, plutôt, d'une sourde ! Claudia est partante pour un accompagnement sonore. Abdelkader lance donc la musique sur son téléphone. Quelques notes de jazz surgissent, ponctuées par les coups d'agrafeuse et les grincements de la ponceuse employée par Tom.

Abdelkader, animateur technique, prend le temps d'expliquer chaque étape de la restauration de chaises.

> **« L'idée est de créer un élan de solidarité au sein des quartiers, entre voisins, entre jeunes et moins jeunes. »**

« Cela me donne envie de peindre », murmure Ludovic Rachfeld, animateur de proximité à la Maison de l'Habitat, en observant Rafiou Ahmada, en service civique aux Compagnons Bâtisseurs, qui a installé une grande bâche sur le sol de l'entrée pour peindre les pieds des chaises. En quelques minutes, l'animateur s'est muni de gants en plastique et d'un imperméable ; il est très vite rejoint par son collègue Ahmed Oumhand, qui préférera la bombe de peinture au pinceau.

UN MOUVEMENT COLLECTIF ET INTERGÉNÉRATIONNEL

Aux ateliers des Compagnons Bâtisseurs, tout le monde met la main à la pâte. « L'idée est de créer un élan de solidarité au sein des quartiers, entre voisins, entre jeunes et moins jeunes », précise Coline Berlaud. Ce principe du faire-ensemble s'explique par les origines du mouvement. Cette initiative sur l'autoréhabilitation est née en Europe, plus précisément aux Pays-Bas, à la sortie de la Seconde Guerre mondiale. Elle s'est ensuite diffusée en Bretagne, pour y reconstruire les logements qui avaient été détruits, et en Normandie. « On avait des personnes qui n'avaient pas fait la guerre, plutôt vieillissantes, et des jeunes hommes qui n'avaient pas encore été enrôlés (14-16 ans), jouissant d'une force physique. Ces deux groupes se sont unis pour rebâtir ensemble les logements », relate la directrice. Puis le mouvement s'est professionnalisé et a essaimé en France, en maintenant cette dimension collective et intergénérationnelle.

À l'intérieur de la Maison de l'Habitat de Montfermeil, Abdelkader profite quant à lui de l'élan qui s'est créé entre volontaires et salariés pour avancer le chantier : « Vous voulez finir une chaise ? » L'équipe acquiesce, curieuse de voir l'aboutissement de ses travaux. L'assemblage d'un dossier et d'une assise rouges avec les pieds fraîchement peints en bleu canard commence. Le résultat est bluffant. La chaise fait dix ans de moins, et attise déjà les convoitises des salarié·es de la Maison de l'Habitat qui l'imaginent, chacun·e, dans leur bureau. « Demain, il y aura moins de jaloux : c'est atelier canapé ! » lance Abdelkader en souriant. ■

1. Le quartier de la politique de la ville (QPV) est un dispositif national, rassemblant les zones urbaines les plus pauvres, nécessitant une intervention des pouvoirs publics, notamment en termes de rénovation urbaine.
2. Boîte où l'on dépose des biens à donner.
3. Service public présent dans diverses communes françaises qui permet de faciliter les démarches des usagers pour se loger en regroupant des acteurs spécialisés dans les domaines de l'habitat.
4. Les missions locales, disséminées un peu partout sur le territoire, accompagnent les jeunes de 16 à 25 ans dans leur insertion professionnelle.
5. Pour réaliser ces chantiers ARA chez eux, les ménages paient 10 % des matériaux nécessaires aux travaux.
6. Il s'agit de dépannages d'une à quelques heures pour réparer de petits dysfonctionnements (fuite de robinet, vitre cassée, etc.). Le ménage ne paie alors que la pièce à remplacer.

S'ADAPTER AUX TERRITOIRES

Il existe quatorze antennes régionales des Compagnons Bâtisseurs en France. Chacune s'adapte au territoire où elle intervient, à ses problématiques, en travaillant avec divers acteurs publics et privés (bailleurs sociaux, CAF, municipalité, État, etc.). Par exemple, il y a plus de chantiers ARA sur des problématiques énergétiques chez des propriétaires-occupants dans les territoires ruraux, tandis qu'en Île-de-France, les animations collectives en pied d'immeuble sont plus axées sur des travaux d'embellissement et d'aménagement. Les modes de mobilisation des publics sont, eux aussi, très variés : les ménages peuvent participer à des animations collectives, des chantiers ARA, emprunter des outils ou encore bénéficier de dépannages pédagogiques[6]. Grâce à leurs bricobus, qui servent à transporter le matériel ou animer certains ateliers, Les Compagnons Bâtisseurs sont aussi très mobiles sur le territoire.

→ Pour aller plus loin

compagnonsbatisseurs.eu

Meringues suisses de dattes

25 mn
1 h
Facile

Pour 260 g de meringue

Ingrédients :
- 3 œufs • 60 g poudre de dattes
- 60 g sucre cristal • 60 g sucre glace

Préparation :
- Chauffer au bain-marie les blancs d'œufs avec le sucre cristal, et la poudre de dattes à 60°C.
- Foisonner l'ensemble au robot à l'aide d'un fouet jusqu'à obtenir une meringue bien ferme.
- Ajouter le sucre glace tamisé et mélanger délicatement.
- Cuire au four à 100°C maximum pendant 1 h (puis éteindre le four en laissant les meringues refroidir dedans).

GILLES FARCET, ÉCRIVAIN

Séniorité

À l'heure où chacun d'entre nous se réjouit du retour du printemps, l'envie me vient de consacrer cette chronique aux prémices de la vieillesse telles que je les expérimente et en osant un ton un peu personnel. Car il se trouve que je m'apprête à atteindre l'âge respectable de 64 ans.

Oui, je suis au jour d'aujourd'hui pleinement actif et en forme ; oui, « la soixantaine est la nouvelle cinquantaine », etc., etc. Et... Et les effets de l'âge se font tranquillement sentir, quoi qu'on veuille en dire.

Les effets physiques, je ne vois pas l'intérêt d'en parler ici, d'autant que j'en suis relativement épargné pour le moment. Mais il y a des effets plus subtils et qui, peut-être, ont un rapport avec l'objet de cette chronique, à savoir l'écologie intérieure.

« Quand se dissipe l'ivresse de la jeunesse, il devient de plus en plus difficile de se la jouer. »

À maints égards, une culture comme la nôtre, prenant conscience du réchauffement et autres désastres, est une vieille culture, une culture sans doute en bout de course.

Qu'elles semblent loin les Trente Glorieuses, la planète envisagée par une génération de privilégiés comme un terrain de jeu dont tous les recoins étaient à portée d'avion, un horizon s'étendant devant soi paraissant infini ! Qu'elle est loin cette ivresse, comme toutes les ivresses assez inconscientes des inexorables lendemains !

L'arrivée, même à pas de loup, de la vieillesse a ceci de particulier qu'elle enlève les masques, ôte les fards, dénude. La jeunesse, avec l'énergie qui lui est propre, opère comme un tampon entre le réel et soi. Qu'elle soit plutôt heureuse ou qu'elle le soit moins, la jeunesse produit son ivresse à elle. Vin gai ou vin mauvais, elle protège d'une conscience aiguë de la condition humaine, fait paravent à quantité de ressentis pas forcément confortables, dont celui de la complexité du réel par laquelle les choses ne sont pas blanches ou noires.

Quand se dissipe l'ivresse de la jeunesse, il devient de plus en plus difficile de se la jouer. Non, l'avenir ne se déroule pas devant nous comme un tapis rouge ; oui, pas mal de ressources ont été épuisées ; oui, il va falloir tant bien que mal fonctionner autrement.

On récolte ce que l'on a semé, paraît-il. Si l'on ne s'est pas un tant soit peu préparé, si l'on ne s'est pas comporté en prédateur arrogant de ses propres ressources, si l'on n'a pas un peu pris soin de ranger et nettoyer derrière soi, le climat peut se faire pénible. Si l'on ne s'est pas éduqué à une manière de sobriété heureuse, c'est la sobriété forcée qui ne peut pas l'être – heureuse. Plus l'on vieillit, plus l'on est face aux choix, conscients ou non, qui ont été faits. Plus l'on vieillit, moins fonctionne le « récit », la représentation arrangée de l'histoire, de toutes les histoires. Cela devient difficile de s'en conter. On se trouve le nez sur la réalité de la situation, la sienne en particulier et celle de l'ensemble – à moins de se réfugier dans l'obsession de la survie à tout prix.

C'est un sentiment très porteur que d'aborder les rives de la séniorité avec ouverture, dans la certitude qu'on ne sait finalement pas grand-chose et qu'on avance vers l'inconnu. À condition de s'y résoudre. Et de pressentir ainsi que la vie ne s'arrête pas avec la fin d'une histoire qui n'aura été qu'un moment, à la fois important et insignifiant, dans la saga du vivant. ■

Papa, 2021

Lou-Lou van Staaveren

Née en 1990, à Aalsmeer, aux Pays-Bas, dans une famille de floriculteurs, Lou-Lou van Staaveren a toujours été attirée par le monde végétal. Le jardin est devenu son refuge photographique, à la fois terrain de jeu et laboratoire. Pour elle, jardinage et photographie procèdent d'une même démarche : appliquer ou empêcher le contrôle et imaginer des possibilités futures. Les images de sa série *Pleasant Place* (« lieu idyllique ») ont la beauté étrange du merveilleux et interrogent notre anthropocentrisme. Entre idéalisation et désir de contrôle, que cache notre rapport à la nature ? Comment (re)construire une relation durable avec elle ?

loulouvanstaaveren.com

Heureux·se, 2021

Sans titre, 2022

« Jardinier et photographe construisent tous deux des réalités nouvelles, paradis ou utopies. »

Sans titre, 2020

Agnes en Clytia, 2021

Sans titre, 2021

Pivoine expérience, 2022

Jacinthe, 2022

Maman, 2021

« Le jardin est mon refuge, contre la fuite du temps, la finitude. »

Sans titre, 2021

Citron, 2022

LA BIODY DÉMYSTIFIÉE

Textes par
Frédérique Basset

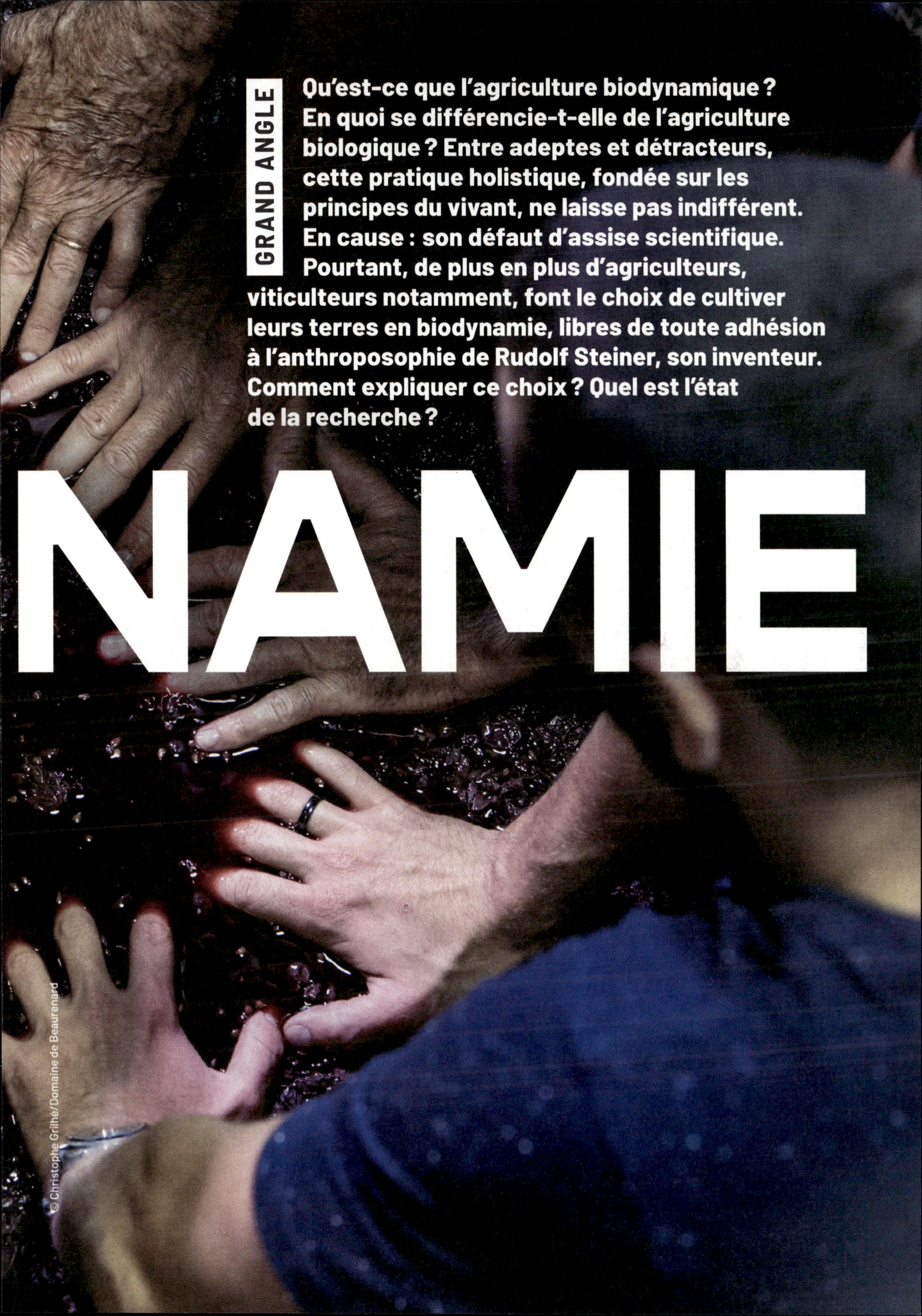

GRAND ANGLE

Qu'est-ce que l'agriculture biodynamique ? En quoi se différencie-t-elle de l'agriculture biologique ? Entre adeptes et détracteurs, cette pratique holistique, fondée sur les principes du vivant, ne laisse pas indifférent. En cause : son défaut d'assise scientifique. Pourtant, de plus en plus d'agriculteurs, viticulteurs notamment, font le choix de cultiver leurs terres en biodynamie, libres de toute adhésion à l'anthropoposophie de Rudolf Steiner, son inventeur. Comment expliquer ce choix ? Quel est l'état de la recherche ?

NAMIE

GRAND ANGLE

Un autre rapport au monde

Pour de nombreux scientifiques, la biodynamie n'est qu'une pratique ésotérique sans fondement. Alors, pourquoi de plus en plus d'agriculteurs la pratiquent-ils ? Avec succès. À l'heure où l'agriculture industrielle a montré ses limites, pourrait-on poser un autre regard sur la Terre ?

L'agriculture industrielle est le fruit d'une vision du monde clivante : culture vs nature, homme vs nature. Cette vision porte en elle les causes de la crise écologique. Elle a atteint ses limites, au propre comme au figuré. Nous avons dépassé six des neuf limites planétaires[1]. Considérant la Terre comme un organisme vivant, l'agriculture biodynamique invite à changer de regard, à l'image des peuples autochtones qui considèrent faire partie intégrante de la nature. Ce que faisaient aussi nos anciens quand ils cultivaient sans produits chimiques, en suivant simplement les cycles lunaires. Un autre rapport au monde est possible et l'on gagnerait sans doute à retrouver cette intelligence profonde qui nous unit à la Terre et au ciel.

Critiquée, l'agriculture biodynamique interroge autant qu'elle dérange[2]. Cette pratique n'a pourtant rien de magique, ou de sectaire. Ni dieu ni gourou chez les biodynamistes : chacun est libre de cultiver comme il l'entend et n'impose rien à personne[3]. L'utilisation de matières organiques et de plantes médicinales, pour enrichir le sol et fortifier les cultures, n'a rien de suspect, et suivre les rythmes de la Lune n'a jamais nui à la qualité des productions.

« ÊTRES DE NATURE »

À l'heure où plusieurs crises menacent la stabilité du monde et la souveraineté alimentaire des peuples, ne serait-il pas sage de changer de paradigme ? Encore faudrait-il que la conception occidentale arrimée au dualisme nature/culture cesse de prévaloir. Celui-ci n'a pas cours chez les biodynamistes. Ils se reconnaissent comme des « êtres de nature » sur une Terre où l'eau, le sol, le ciel, les plantes, les animaux, l'humain sont interconnectés.

Tout comme l'agroécologie, qui vise un équilibre dynamique de l'agroécosystème, la biodynamie est une agriculture systémique. Sa particularité est qu'elle intègre d'autres pratiques (décoction de plantes, dynamisation, respect des rythmes cosmiques). Et ce sont bien ces pratiques, moins tangibles, simples et « rassurantes » que les lois physiques, qui dérangent. Pourtant des scientifiques, tels que Jean-Marc Meynard, chercheur à l'INRAE-AgroParisTech et président du conseil scientifique de l'ITAB (Institut technique de l'agriculture biologique), estiment que la biodynamie mériterait d'être un sujet d'étude : « Il y a un discours qui, pour une grande partie, n'est pas recevable d'un point de vue scientifique, pas prouvable. Mais indépendamment de ses justifications qui sont, pour certaines, pseudoscientifiques, la biodynamie est une pratique qui marche, dans le sens où elle satisfait les exploitants qui la pratiquent, et les consommateurs. Et cela en fait un sujet d'étude recevable, sur lequel on peut faire de la science[4]. »

Qui sait ? Ce que l'on ne comprend pas aujourd'hui sera peut-être dévoilé et démontré demain. Ayons alors l'humilité de laisser les portes s'ouvrir à d'autres connaissances. ■

1. Magali Reinert et Stéphane Jungers, « Tout comprendre aux limites planétaires », novembre 2022, reporterre.net [en ligne].
2. Face aux accusations dont ils sont victimes, le Mouvement de l'agriculture biodynamique (MABD) et Demeter ont lancé en novembre 2022 un « Appel à soutien à la biodynamie ! » [en ligne], signé par de nombreux organismes et personnalités.
3. Voir la « Charte du MABD » de novembre 2020 [en ligne] qui précise, entre autres, « notre mouvement est ouvert à toutes et tous, sans aucune discrimination liée à l'origine, au genre ou à la religion. Il est indépendant de toute organisation politique, philosophique ou confessionnelle et refuse toute dérive violente ou d'exclusion ».
4. Cité par Cédric Mathiot in *Libération CheckNews*, le 16 septembre 2019 [en ligne].

DEMETER EN CHIFFRES

Difficile de connaître les chiffres exacts des agriculteurs pratiquant la biodynamie, certains exerçant sans afficher de label. Toutefois, d'après les données Demeter 2021, de plus en plus nombreux sont ceux qui, en France ou à l'étranger, optent pour cette certification indépendante.

EN FRANCE

1125
FERMES ET ENTREPRISES

20 167
hectares de **surface agricole**

210
NOUVELLES ADHÉSIONS EN 2021

« Le cahier des charges Demeter va plus loin que celui de la bio. Avec la biodynamie, les sols sont plus vivants et assurent une meilleure production. »
André Damien, producteur de fruits dans le Vaucluse récemment labellisé Demeter

651
domaines viticoles sont certifiés ou en cours de certification

11 609
HECTARES DE VIGNES LABELLISÉES

+ 20 %
de domaines viticoles engagés entre 2020 et 2021
ENV. 200 domaines certifiés Biodyvin

À L'INTERNATIONAL

PRÉSENT DANS 65 PAYS

8 212
fermes et entreprises certifiées (ou en cours)

228 957
HECTARES DE SURFACE AGRICOLE

x2
Le nombre d'adhérents a doublé en 15 ans. Ce développement se traduit par une forte croissance des catégories de produits certifiés, notamment les fruits (banane, raisin…)

+ de 1200
DOMAINES VITICOLES CERTIFIÉS DANS 22 PAYS. La France est en tête. Hors Union européenne, la plupart des domaines sont en Suisse, aux USA, au Chili et en Argentine. Les vignes Demeter s'étendent sur environ 22 000 hectares dans le monde.

Cahier des charges Demeter

Il est plus contraignant que celui de l'agriculture biologique :
- La certification bio est obligatoire.
- Toutes les surfaces productives doivent recevoir au minimum une fois par culture les préparations.
- Les purins et lisiers d'origine conventionnelle sont interdits.
- L'utilisation de cuivre sur les plantes annuelles est interdite.
- Les semences et plants modifiés génétiquement sont interdits.
- Les semences et plants hybrides CMS (stérilité mâle cytoplasmique) sont interdits.
- Les matériaux étanches à l'air et à l'eau ne sont pas autorisés en couverture du sol.

GRAND ANGLE

DOMAINE DE BEAURENARD

L'alliance de la tradition et de la modernité

Victor Coulon en pleine dégustation dans le chai de vieillissement.

Photos par **Christophe Grilhé**

Depuis 2006, à Châteauneuf-du-Pape, le Domaine de Beaurenard a franchi le pas de la biodynamie. Ici, les vignerons font du sur-mesure, en famille, à l'écoute des besoins de la vigne.

À Châteauneuf-du-Pape, le Domaine de Beaurenard abrite une véritable « dynastie » où la vigne et le vin sont une histoire de famille depuis huit générations. À 29 ans, Antonin Coulon en est le plus jeune représentant. C'est son père qui s'est lancé dans la biodynamie, après des années passées auprès de son cousin, pionnier local, et de nombreuses conférences aux quatre coins de France.

Le domaine est vaste : 66 hectares, dont 33 à Châteauneuf-du-Pape, 25 à Rasteau (à 25 kilomètres de Châteauneuf-du-Pape) et 10 en Côtes-du-Rhône, où les vignes les plus anciennes datent de 1920, tous cépages confondus. Des vignes qui n'ont jamais été polluées par des produits de synthèse. « Mes grands-parents cultivaient en bio, raconte Antonin, et mon père a commencé la biodynamie dès 2006. Grâce à cette pratique, il a pu vérifier que le sol était plus vivant et la vigne plus vigoureuse qu'en agriculture bio. En 2010, le domaine a été labellisé Demeter. »

Par une froide journée de janvier, le paysage viticole de Beaurenard se déploie sous un ciel bleu acier. Sous les pas, les roches calcaires affleurent et les galets roulés constellent le sol. Impérial, le mistral fait jaillir la lumière. En harmonie avec le climat et le terroir, la vigne n'en demande pas plus pour s'épanouir. Entourée d'arbres, elle grandit libre, aucunement entravée par un fil de métal, parfois seulement soutenue par des piquets de bois pour la guider vers la lumière. Insectes, oiseaux, petits rongeurs, abeilles sauvages ne s'y sont pas trompés, ils sont ici chez eux. « Plus il y a de biodiversité, souligne Antonin, plus la vie se

Majestueuses vignes centenaires du Domaine de Beaurenard.

« Plus il y a de biodiversité, plus la vie se manifeste dans la vigne. C'est cela qui crée des cercles vertueux. »

manifeste dans la vigne. C'est cela qui crée des cercles vertueux. » Pour les renforcer, les vignerons ont aussi opté pour la diversité des cépages, l'enherbement dans les inter-rangs, et prennent grand soin des mycorhizes[1] en limitant le travail du sol. Résultat : une meilleure résistance aux maladies et moins de stress hydrique.

À cette époque de l'année, la taille manuelle a commencé. Sécateur électrique en mains, Antonin et son père, accompagnés de huit membres de l'équipe, se dispersent dans les différentes parcelles. « Chacun a la sienne, explique Antonin, ce qui lui permet de se l'approprier et d'avoir une vision à long terme. On fait une taille en gobelet qui consiste à former quatre bras issus d'un pied central afin de répartir et aérer les grappes. Ainsi disposées, elles ne se toucheront pas, l'air circulera et la végétation formera un parasol qui protégera les grappes des brûlures du soleil. »

« ACCEPTER DE NE PAS TOUT SAVOIR »

La description de ce vignoble pourrait être celle d'un domaine bio. Oui mais... Il y manquerait ce qui fait la spécificité de la biodynamie. À commencer par la préparation de bouse de corne [lire page 110], qui permet de réactiver la vie du sol. Elle est appliquée au printemps et jusqu'à six fois au cours de l'année, en prévention de la sécheresse et du stress hydrique. Mais où sont les vaches ? « On n'en a pas, regrette Antonin. Il n'y a pas de prairies ici. Il manque en effet un des piliers de la ferme, mais on travaille avec un groupe de vingt-cinq vignerons qui ont des vaches en Haute-Loire ou dans le Cantal et on fait les préparations ensemble.

« Pour moi, la biodynamie fait partie d'un tout. C'est une philosophie de vie, du bon sens paysan, qui relie les forces positives. »

Au moins deux personnes de l'équipe m'accompagnent, car c'est essentiel qu'elles suivent toutes les étapes. »

Avant de revenir au domaine, le jeune homme a bourlingué sur les routes du monde pendant dix ans. « Plutôt qu'une formation théorique, j'ai préféré expérimenter sur le terrain, dans des fermes en Afrique du Sud, au Chili, en Corse et en Alsace. Pour moi, la biodynamie fait partie d'un tout. C'est une philosophie de vie, du bon sens paysan, qui relie les forces positives. Tout n'est pas tangible, mais il faut accepter de ne pas tout savoir, tout comprendre, tout voir. C'est parce que tout ne peut pas être prouvé rationnellement que la biodynamie est critiquée. Ses détracteurs n'ont pas le même prisme que nous qui considérons que tout est interconnecté. On ne rejette pas les critiques, mais on voudrait qu'elles soient constructives ! »

Outre la bouse de corne, une autre préparation essentielle, la silice de corne [lire page 111], sera réalisée dès le mois de mai, juste avant la floraison, pour stimuler le système immunitaire. D'autres pulvérisations auront lieu en juillet-août pour aider l'aoûtement, le durcissement des bois, une autre avant les vendanges pour la préservation du fruit et une dernière en octobre, après les vendanges, afin d'aider la vigne à se reposer. « Les recommandations officielles sont au nombre de deux applications par an, note Antonin, mais il nous arrive d'en faire jusqu'à sept. L'important est d'être toujours à l'écoute des besoins de la vigne. » Toutes les préparations sont brassées avec de l'eau de pluie dans un dynamiseur en bois, mais le jeune vigneron dynamise aussi à la main. « J'aime quand se crée le vortex[2], que les énergies pénètrent les préparations qui vont ensuite nourrir la vigne. » Les pulvérisations, il préfère ne pas les faire avec le tracteur mais avec un appareil accroché sur le dos. « Même si ce n'est pas facile de marcher avec 20 kilos sur le dos sur un sol plein de cailloux, c'est un plaisir parce que je suis connecté avec les vignes et avec moi-même. Ce qui compte, c'est le pouvoir de l'intention, la joie qu'on a à faire les choses. »

En plus des préparations, Antonin utilise du soufre et du cuivre – des fongicides –, mais à faibles doses, surtout pour le cuivre, qu'il

Vendanges manuelles sur une des parcelles de blanc du domaine. Celles-ci sont entourées de bois de pins.

remplace par un mélange de plantes qui vont aider à assainir le milieu. « La biodynamie, c'est de la prévention, mais si la vigne tombe malade, des produits naturels peuvent être utilisés. Il ne s'agit pas de supprimer la maladie, mais de respecter des équilibres. »

LE VIN, UN PRODUIT VIVANT

Le dérèglement climatique affecte-t-il les vignes ? « Températures trop élevées, orages et épisodes cévenols[3] sont de plus en plus fréquents, confirme Antonin. Mais grâce à nos pratiques, la vigne se porte bien et n'a même pas besoin d'irrigation. »

Entre autres pratiques, des engrais verts, différents pour chaque parcelle, sont semés chaque année : pois, féverole, orge, seigle, trèfle, vesce de Narbonne ou sainfoin couvrent le sol, le protègent du soleil et nourrissent la terre en azote. Mais cette biodiversité ne s'arrête pas là. Au printemps, dès que la terre s'est réchauffée, des troupeaux de deux cents à cinq cents moutons viennent brouter l'herbe dans les vignes. « Ce sont les moutons d'un berger d'Orange qui nous donne son fumier, avec lequel on fait notre compost. Des animaux dans la vigne, c'est pour moi la symbolique du vivant ! s'exclame Antonin. En plus, ils assurent un désherbage gratuit. »

Après les vendanges, les raisins rejoignent la cave, le domaine de Victor, le frère aîné d'Antonin. À l'issue de ses études d'ingénieur

Cela fait plus de quinze ans que Daniel Coulon pratique la biodynamie au domaine. Son œil expert est désormais complété par ceux de ses fils, Antonin et Victor.

« La biodynamie, c'est de la prévention, mais si la vigne tombe malade, des produits naturels peuvent être utilisés. Il ne s'agit pas de supprimer la maladie, mais de respecter des équilibres. »

agronome, il a rejoint Beaurenard il y a dix ans. « C'est mon père qui m'a sensibilisé à la biodynamie. Pendant mes études, on n'en parlait pas, c'est tout juste si l'on évoquait la bio ! » À la fin de son cursus, Victor a fait de nombreuses visites de domaines viticoles, un stage à la Maison Cazes, près de Rivesaltes, qui effectuait des recherches avec l'INRAE et une formation avec le MABD.

Victor considère le vin comme un produit vivant. Afin de lui garder toute sa vigueur, il utilise de faibles quantités de soufre[4], aucun produit chimique ni gélatine animale et des levures indigènes, ces micro-organismes que l'on trouve naturellement sur les raisins et qui ont la capacité de transformer le sucre en alcool. « La biodynamie est un état d'esprit, une philosophie, mais aussi un outil pour avoir des produits sains, meilleurs en qualité nutritive et gustative. C'est une agriculture durable, qui se rapproche de la paysannerie historique. » Même s'il reconnaît qu'une partie de la biodynamie n'est pas évidente à prouver, le viticulteur estime qu'il est important de pouvoir valider des résultats et des méthodes. « On ne doit pas opposer science et conscience. » C'est aussi l'avis de Valentine. Après une formation en alternance de sommelière et caviste à l'École des Terroirs de Châteauneuf-du-Pape, une école de dégustation créée par le père de Victor et Antonin, la jeune fille a été embauchée au domaine. « Je ne connaissais pas la biodynamie, avoue-t-elle, c'était une vraie découverte. J'aime le lien qui unit la terre et le cosmos, c'est une approche respectueuse du vivant, des plantes comme des êtres humains. »

Les derniers rayons du soleil s'inclinent sur une vigne riche de promesses, paysage flamboyant à savourer… sans modération. ■

→ Pour aller plus loin

beaurenard.fr

Olivier Pichaud est cocher-laboureur et formateur en traction animale. Aramis, son cheval de labour, lui permet de travailler avec art des parcelles difficiles.

1. Associations symbiotiques entre les racines des végétaux et les champignons.
2. Le vortex est le tourbillon créé par la dynamisation des préparations.
3. Les épisodes cévenols sont des pluies violentes affectant principalement les Cévennes et une partie du sud de la France.
4. 50 à 60 mg/l maximum, contre 100 mg/l en bio.

LIONEL RANJARD
« L'écosystème sol est au fondement de la biodynamie »

L'écologue, directeur de recherche dans le laboratoire Agroécologie de l'INRAE Bourgogne-Franche-Comté (Dijon), est engagé dans l'étude EcoVitiSol, portant sur les sols viticoles et l'impact des modes de production. Celle-ci a mis en évidence la qualité microbiologique des sols chez les viticulteurs pratiquant la biodynamie.

En quoi la qualité du sol est-elle fondamentale pour l'agriculture ?

Historiquement, dans les fondements de l'agriculture biodynamique, puis de la bio, tout tournait autour de l'écosystème sol. Puis le sol a longtemps été considéré comme un support presque inerte, alors qu'il est constitué d'organismes vivants dont les fonctions se transforment en services. Les vers de terre sont un peu les stars, mais ce sont les bactéries et les champignons qui sont à la base des grandes fonctions biologiques du sol. Depuis une vingtaine d'années, nous avons des outils de l'écologie moléculaire performants assurant une extraction de l'ADN du sol et un séquençage qui nous permettent de décrire la microbiologie en termes d'abondance, de diversité, de variabilité et les impacts des usages humains. On sait que si l'on perd cette biodiversité, on perd la fertilité, la stabilité structurale, le barrage aux pathogènes, le stockage du carbone : toutes ces fonctions dont on parle aujourd'hui dans l'urgence parce que les rendements agricoles baissent, parce qu'il faut sauver le climat et que les sols s'érodent.

© Marie-George Stavelo

C'est pour montrer l'importance de l'écosystème sol qu'en 2019-2021, vous avez mené l'étude EcoVitiSol[1] sur la qualité microbiologique des sols et l'impact des pratiques chez des viticulteurs qui cultivent en conventionnel, bio et biodynamie ?

Le but était de sensibiliser les viticulteurs sur le fait que le sol est un support vivant et qu'il faut maintenir ce vivant pour maintenir l'agriculture et la production alimentaire. EcoVitiSol a été réalisée dans une approche participative avec cent cinquante vignerons sur cent cinquante parcelles, un tiers en bio, un tiers en biodynamie, un tiers en conventionnel, dans trois territoires : Bourgogne du Sud (Mâcon, Chalon-sur-Saône), Bourgogne du Nord (côte de Nuit, côte de Beaune) et Alsace. Nous avons appliqué nos outils de bioindication microbiologique et échantillonné avec les viticulteurs. Des ateliers de co-interprétation ont permis de comparer les résultats de chacun, suivis d'échanges entre viticulteurs sur leurs pratiques.

Connaissiez-vous la biodynamie ?

Très peu et j'ai un peu hésité à l'inclure dans l'étude, mais j'ai rencontré Vincent Masson, spécialiste de la biodynamie, dont l'approche agronomique très technique m'a convaincue. À l'issue de l'étude, j'ai pu constater que cette pratique avait des effets positifs.

Quels paramètres avez-vous étudiés ?

Différents éléments de physicochimie : la texture, le taux de cuivre, de carbone total, le pH, l'azote. Nous avons mesuré la biomasse microbienne, c'est-à-dire la quantité de micro-organismes et la diversité des bactéries et champignons. Nous avons également pris en compte les réseaux d'interactions entre les micro-organismes. On sait que plus les communautés microbiennes sont en interaction, plus elles sont stables, résistantes et fonctionnelles. On obtient alors une bonne structure du sol, la minéralisation de la matière organique, la dégradation des polluants et le stockage du carbone.

Quels ont été les résultats de votre étude ?

Nous avons classé les parcelles dont le sol est en bon état microbiologique en vert, celles dont l'état doit être surveillé en orange et celles en mauvais état en rouge. Nous avons constaté une amélioration de la qualité microbiologique quand on passe du conventionnel au bio et du bio à la biodynamie. 35 % sont dans le vert pour le conventionnel, 44 % pour le bio et 54 % pour la biodynamie. Les réseaux d'interactions sont plus importants en biodynamie qu'en bio et en conventionnel. Cela s'explique souvent par l'absence de travail du sol, car celui-ci casse les agrégats, diminue la porosité, ce qui entraîne moins de connexions physiques entre les individus microbiens. Je ne sais pas expliquer scientifiquement pourquoi la biodynamie, même quand le sol est travaillé, a de si fortes interactions microbiologiques. Est-ce dû aux préparations, aux dynamisations, à une faculté d'observation et de technicité des viticulteurs ? Je n'ai que des hypothèses à ce stade de notre recherche.

En plus des modes de production, vous avez évalué les pratiques. Quelles sont celles qui sont le plus bénéfiques ? Et comment peuvent-elles encore évoluer ?

Ce qui est bénéfique, c'est l'enherbement, les amendements organiques, la restitution des sarments, le non-travail du sol. Tous les modes de production, même en bio et en biodynamie, ont encore des marges de progrès à réaliser. Certaines parcelles ont des sols dont la qualité microbienne n'est pas satisfaisante, car les pratiques ne répondent pas à l'ensemble des critères évoqués. Il incombe aux cahiers des charges d'évoluer afin d'inclure ces critères, indispensables à la bonne santé du sol et donc des vignes. Pour moi, le bio et la biodynamie sont encore au milieu du gué de ce qu'on pourrait appeler la rivière agroécologique, permettant d'atteindre un équilibre dynamique de l'agroécosystème.

Une suite d'EcoVitiSol est-elle prévue ?

EcoVitiSol a reçu le Prix de l'innovation 2023 de *La Revue du Vin de France*. Forts de ce succès, nous avons décidé de l'étendre à tous les territoires viticoles de France d'ici à 2035, avec soixante viticulteurs par territoire. Nous appliquerons les mêmes procédés que pour la première étude. Mais sur ces nouveaux territoires, nous échantillonnerons à nouveau, cinq ans après, les parcelles qui avaient une mauvaise qualité microbiologique, afin de voir si, suite au projet, les changements de pratiques auront permis une amélioration de la qualité du sol.

Il existe encore peu de recherches scientifiques sur la biodynamie. Envisagez-vous de mener d'autres études sur cette pratique ?

Avec Vincent Masson, nous avons le projet de tester les préparations de bouse de corne et de silice de corne [lire pages 110-111] sur la microbiologie des sols. ■

1. Amélie Christel, Pierre-Alain Maron et Lionel Ranjard, « Impact of farming systems on soil ecological quality : a meta-analysis », *Environmental Chemistry Letters*, 19, août 2021.

Comment est née l'agriculture biodynamique ?

Il y a près de cent ans, le philosophe et pédagogue autrichien Rudolf Steiner a imaginé, pour venir en aide à des agriculteurs polonais, une agriculture qui cherche à saisir la nature profonde de la terre. Pour lui, la ferme doit être un organisme vivant où le sol, l'eau, les végétaux, les animaux et l'humain interagissent harmonieusement.

Nous sommes en 1924. Depuis quelques années, près de Wroclaw, en Silésie, à l'ouest de la Pologne, des agriculteurs s'inquiètent. Ils constatent la dégénérescence des plantes qu'ils cultivent, le développement anormal de maladies chez leurs bêtes, la baisse de la fécondité de leurs troupeaux et la diminution de la qualité des aliments. Conséquences des pratiques agricoles utilisant de plus en plus de produits chimiques depuis la fin de la Première Guerre mondiale ? Sans aucun doute. Peu convaincus par les recommandations des agronomes de l'époque, ces agriculteurs font appel à Rudolf Steiner, philosophe autrichien et fondateur de l'anthroposophie (du grec « sagesse de l'homme »), un courant de pensée inspiré de la vision de la nature de Goethe[1]. Si Steiner a exploré de nombreux domaines scientifiques, des sciences naturelles à l'herboristerie en passant par la biologie, notamment à travers les travaux de Goethe et Haeckel – le premier à utiliser le terme « écologie » –, il n'est pas agronome et son approche spirituelle heurte, encore aujourd'hui, la pensée cartésienne. Les scientifiques lui reprochent de ne pas apporter de preuves de ce qu'il avance. Et il est vrai que tout ne peut pas être prouvé dans la méthode qu'il propose.

UNE PENSÉE HOLISTIQUE

Du 7 au 16 juin 1924, dans le village de Koberwitz, en Allemagne (aujourd'hui Kobierzyce, en Pologne), Rudolf Steiner donne donc un cycle de huit conférences, connues sous le nom de « Cours aux agriculteurs ». Il pose les fondements théoriques et pratiques d'une agriculture qui cherche à saisir la nature profonde de la terre, des plantes et des animaux. Pour Steiner, la science n'explique que la partie matérielle et visible du monde, mais il est convaincu que d'autres forces agissent, imperceptibles pour nos sens. Il considère la nature comme un tout, incluant les interactions entre microcosme et macrocosme : il faut donc considérer non seulement le sol dans lequel pousse une plante, mais aussi l'univers tout entier qui l'entoure.

« À la différence de l'homme et de l'animal, la plante est un être vivant totalement ouvert à son environnement terrestre et cosmique auquel elle est très réceptive. »

Ce « Cours aux agriculteurs » est le texte fondateur de la biodynamie : « une agriculture qui se base sur une profonde compréhension du vivant et qui assure la santé du sol et des plantes pour procurer une alimentation saine aux animaux et aux hommes [...] À la différence de l'homme et de l'animal, la plante est un être vivant totalement ouvert à son environnement terrestre et cosmique auquel elle est très réceptive. Mais la plante est aussi réceptive au jardinier qui entretient un lien intime et subtil avec elle[2] ». Rudolf Steiner ne propose ni prescriptions ni dogmes, mais des « indications », qui doivent être mises à l'épreuve des faits. Lors de sa première conférence, il précise : « En matière d'agriculture, ne peut porter un jugement que celui qui tire son savoir du champ, de la forêt, de l'élevage[3]. »

REDONNER DES FORCES DE VIE À LA TERRE

L'agriculture biodynamique (terme créé à partir des mots « biologique » et « dynamique »), dont s'est inspirée l'agriculture biologique, veut simplement redonner des forces de vie à une terre soumise à la recherche du rendement au détriment de la qualité. Elle propose une méthode qui respecte l'environnement, fournit aux hommes une nourriture de qualité dans un paysage diversifié, et pose un nouveau regard sur la nature, privilégiant une approche globale. Steiner a ainsi dessiné les contours d'une agriculture permettant de régénérer les écosystèmes, en plein accord avec le vivant.

Cette méthode s'appuie sur trois socles. D'abord, elle considère la ferme et, plus généralement, la terre comme un organisme vivant. La ferme biodynamique idéale est donc une ferme vivante et autosuffisante, avec une production diversifiée. Un écosystème au sein duquel sont intrinsèquement liés le sol, les plantes, les animaux sauvages et domestiques et les humains. Ensuite, l'agriculteur cherche davantage à prévenir les maladies et infections qu'à les guérir. Il utilise pour cela des préparations à partir d'éléments minéraux, animaux et végétaux, notamment des plantes médicinales. Enfin, le troisième socle s'appuie sur le respect des rythmes planétaires, solaires et lunaires pour prendre soin des animaux et pour semer, traiter ou travailler le sol au moment opportun [lire pages 110-111]. « Une ferme répond à sa vocation la plus haute quand elle peut être saisie comme une sorte d'individualité en soi, une individualité vraiment centrée en elle-même. Et toute ferme devrait en fait tendre vers cet état. Il n'est pas possible de l'atteindre totalement ; mais elle doit tendre vers l'état d'une individualité centrée en elle-même. C'est-à-dire qu'il faut se donner les moyens d'avoir tout ce dont on a besoin pour la production au sein même de la ferme, dont le cheptel fait évidemment partie intégrante. Au fond, tous les fertilisants et autres produits similaires introduits de l'extérieur devraient être considérés, dans un domaine où l'organisation serait idéale, comme des remèdes pour une ferme tombée malade[4] ».

Tout au long de sa vie, Rudolf Steiner a travaillé au développement d'une nouvelle conception du monde qui retisse le lien entre l'être humain, la terre et le cosmos. L'une de ses idées maîtresses était de considérer l'homme dans sa double dimension physique et spirituelle. Aujourd'hui, les agriculteurs qui pratiquent la biodynamie s'inspirent de sa méthode, sans pour autant adhérer à toute sa philosophie... ■

1. L'approche goethéenne d'une plante ou d'un animal élargit l'étude technique et analytique, qui produit des données et des éléments quantitatifs, à une étude qualitative, c'est-à-dire l'essence de la plante ou de l'animal. Il s'agit d'une approche globale basée sur l'observation.
2. Rudolf Steiner, *Agriculture. Fondements spirituels de la méthode bio-dynamique*, Éditions anthroposophiques romandes, 2011.
3. Rudolf Steiner, *Le Cours aux agriculteurs*, Novalis, 2003.
4. Ibid.

GRAND ANGLE

FERME DE L'ANGENARDIÈRE

De la graine au pain

Photos par **Loup Assanov**

Paysans-boulangers dans le Perche, Erik Lefrançois et Julie Graux cultivent depuis 2014 des variétés anciennes de blé et fabriquent du pain selon les principes de la biodynamie.

En pleine campagne percheronne, la ferme de l'Angenardière est entourée de forêts et bocages. À peine la porte franchie, l'odeur du pain chaud vient chatouiller les narines et les papilles. C'est là qu'Erik et Julie ont posé leurs bagages en 2009. Après avoir vécu en Belgique, dont Julie est originaire, ils ont pris en 2012 la succession des parents d'Erik, éleveurs de vaches laitières à Condeau (Orne). Mais sans les vaches. « Nous ne voulions pas des contraintes de la traite ni devoir tuer les veaux pour avoir du lait, explique Erik. Et puis, surtout, faire du pain nous plaisait ! » Pourtant rien ne prédisposait le couple à suivre cette voie. Après un bac agricole, Erik a exercé le métier de maréchal-ferrant et Julie était illustratrice. « Notre envie est née suite à la lecture d'un livre de Nicolas Supiot, paysan-boulanger en Bretagne, chez qui l'on s'est formés par la suite, raconte Julie. Nous avons aussi fait quelques formations dans le Perche avec le Groupement des agriculteurs biologiques (GAB). »

Peu de formations donc, pas de diplôme de boulanger non plus, mais un profond désir de se lancer et d'expérimenter. « Nous n'avions pas envie d'embaucher de boulanger professionnel, mais continuer à faire le pain comme on aime », souligne Erik. Dès le départ, leur objectif était clair : travailler en autonomie et créer une boucle vertueuse, de la graine au pain.

La ferme bio, sans label du temps des parents d'Erik, a été depuis labellisée AB et Nature & Progrès. Et en 2014, Erik et Julie ont franchi le pas de la biodynamie. Pourquoi ce choix ? « Mes parents se sont rencontrés chez Claude Monziès,

Dans la meunerie, Erik regarde le grain couler dans la trémie du moulin, qu'il a entièrement retapé. Le grain est moulu entre deux meules horizontales en granit, puis la farine « bise » (demi-complète, soit T80) et le son sont tamisés et séparés.

Le vieux four romain, « à chauffe directe », fut sans doute construit en même temps que la ferme, vers 1850… On attend qu'il ait la bonne température (environ 250 degrés) pour le nettoyer et y enfourner le pain levé.

Après les avoir découpés et pesés, Julie façonne les pâtons.

l'un des pionniers de la biodynamie en France. Ils ont commencé à faire de la biodynamie, mais ils manquaient de bras. » Le terreau était donc prêt depuis longtemps pour Erik et la graine ne demandait qu'à germer. Les résultats n'ont pas tardé. « En passant du bio à la biodynamie, explique Erik, j'ai pu constater que la structure du sol était plus souple et plus aérée. Les plantes en meilleure santé, plus vigoureuses, et les grains de blé davantage gonflés. Les pommes, par exemple, se conservent un ou deux mois de plus. Quant aux tisanes, elles permettent une germination plus rapide. » Au-delà des effets sur la production, la biodynamie relève d'un « état d'être » pour le couple : « Cela a du sens pour nous de produire quelque chose de vivant et de faire avec et non contre. »

DES VARIÉTÉS ANCIENNES DE BLÉ

Dans les champs, entourés de bois ou de haies pour inviter la biodiversité, plusieurs variétés anciennes de blé, réputées pour leur résistance, leur goût et leur digestibilité. Depuis 2019, la surface agricole est passée de 40 à 100 hectares, permettant ainsi des rotations sur sept ans : 30 hectares en trèfle, 50 en cultures (engrais verts, trèfle, féverole, orge) et une vingtaine en blé. Le trèfle et la féverole sont vendus à un éleveur du village ; quant aux semences, elles sont récoltées pour les futures cultures.

Pendant plusieurs années, Erik a tenté de ne pas labourer, mais il a dû reprendre la charrue. « Le sol est argileux et le blé est concurrencé par des adventices. » Un jour peut-être, il remisera le tracteur et se lancera dans la traction animale. En attendant, les chevaux cohabitent avec deux vaches, deux veaux et un bœuf. « Les vaches et les chevaux, c'est pour le fumier, mais aussi parce qu'ils vont brouter dans des prairies où l'on a planté des petits fruitiers pour les confitures et des pommiers avec lesquels on fait du cidre et du jus de pomme. »

Erik applique les principes de la biodynamie à toutes les parcelles. Les préparations sont élaborées avec un groupe de biodynamistes près de Caen. « J'épands la bouse de corne à l'automne, au moment des semis, et parfois au printemps ; la silice de corne, trois fois par an, de mars à mai, pour provoquer l'effet lumière[1]. Je prépare le compost avec le fumier de nos vaches et chevaux, dans lequel j'insère achillée millefeuille, camomille matricaire, ortie, écorce de chêne,

pissenlit et valériane. Sans oublier le compost de bouse de Maria Thun [lire page 111] qui permet de restructurer les argiles. » Erik dynamise certaines préparations à la main. « C'est comme une méditation », constate-t-il. Pour les plus volumineuses, il a acquis un grand dynamiseur via le MABD.

L'eau du puits sert aux dynamisations des composts, mais pour le levain et les tisanes de plantes, c'est une eau osmosée et reminéralisée avec un filtre à charbon qui est utilisée avant d'être dynamisée. Les champs ne reçoivent que l'eau de la pluie et ne sont jamais irrigués. « On gère la sécheresse en choisissant des plantes capables de résister aux fortes chaleurs, en semant des couvertures végétales qui protègent le sol et le nourrissent. La bouse de corne et les tisanes de consoude, écorce de chêne et achillée sont une aide précieuse. Quand les plantes cessent de pousser à cause de la chaleur, elles repartent grâce à ces préparations. »

Tout en tenant compte du climat, Julie et Erik respectent le calendrier lunaire. « Les abeilles vont chercher le pollen un jour fleur, pas un jour feuille[2], remarque Julie. Elles savent qu'il n'y aura pas de pollen à récolter ou qu'il ne sera pas bon ce jour-là. » Outre les pratiques de la biodynamie, le couple attache une grande importance au pouvoir de l'intention, de la graine à la fabrication du pain. « On travaille en conscience, souligne Erik, avec une attitude positive. Si l'on sème en étant en colère, si l'on bâcle le travail, on transmet cette énergie à la semence. Qu'est-ce que le pain transmettra alors au consommateur ? »

« On travaille en conscience, avec une attitude positive. »

« UNE FAÇON DE PENSER GLOBALE »

Dans l'atelier, Floriane, qui travaille ici depuis un an, pétrit en douceur la pâte élaborée avec du levain maison. C'est Julie qui lui a appris le pétrissage, la mise en bac, le façonnage, le découpage et l'enfournement. La jeune femme sait que la veille de la fabrication du pain, Erik a fait tremper du son dans de l'eau pendant quelques heures. Une préparation qui, ajoutée à l'eau du pétrin, est riche en éléments nutritifs. « J'aime travailler

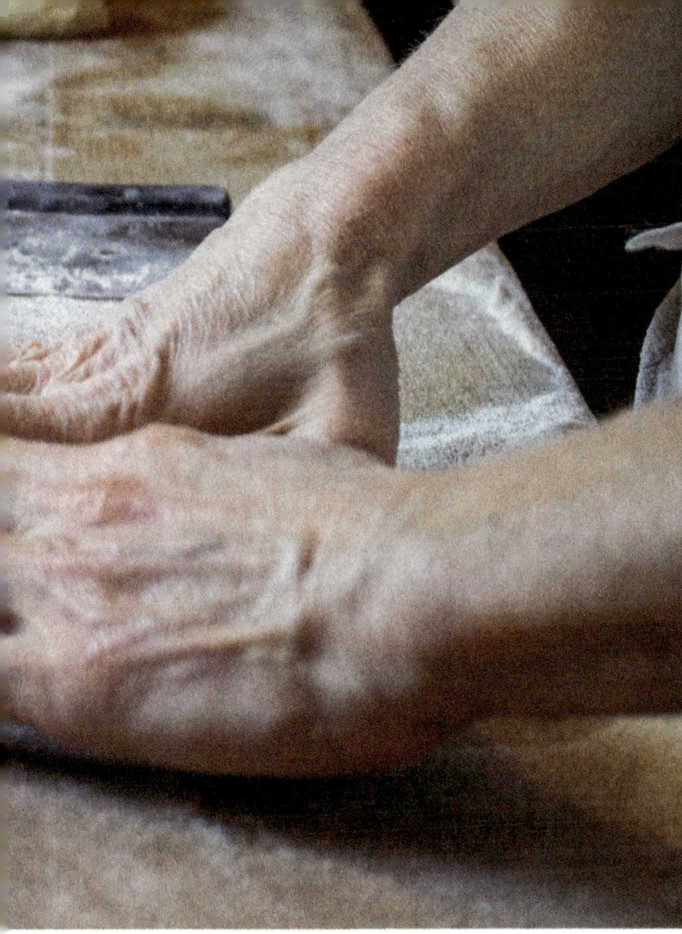

→ Pour aller plus loin

L'Angenardière - 61110 Condeau
02 33 73 10 60 - juliegraux@yahoo.fr

La présence des vaches est essentielle sur une ferme en biodynamie. Leur fumier fertilise les sols. Et leur présence sur les parcelles qu'elles broutent est tout aussi importante… Ici, Tagine, première génisse née sur la ferme.

Le façonnage donne de la force au pâton : la pâte est tendue un peu comme un ressort pour que le pain « explose » dans le four. Ce geste, difficile à apprendre, est très important pour obtenir un beau pain cuit, bien levé, doré et croustillant.

ici, je ne m'ennuie jamais ! s'exclame Floriane. Je suis autonome et on me fait confiance. » Son enthousiasme n'a d'égal que son admiration pour Julie et Erik. « Ils sont passionnés et se donnent les moyens de faire ce qu'ils trouvent bon pour la planète et pour les êtres humains. » La biodynamie, elle n'en avait jamais entendu parler, mais depuis qu'elle travaille à la ferme, elle respecte le calendrier lunaire dans son potager.

Son compagnon, Gauthier, a été embauché il y a plus d'un an lui aussi, abandonnant son métier de paysagiste pour s'installer dans la région. « J'ai fait des études agricoles, mais je ne connaissais pas la boulangerie. Erik m'a tout appris, et j'en apprends encore tous les jours ! Je m'occupe des champs avec lui, de la meunerie, je trie et je mouds le blé, j'approvisionne la boulangerie en farine et en bois pour le four. La biodynamie me parle car c'est une façon de penser globale. On fait attention à ce qui nous entoure, on n'utilise aucun produit chimique et on est relié à la terre et au cosmos. J'aimerais me former davantage pour aller plus loin. » Ça tombe bien, Erik a proposé plusieurs formations aux salariés. « C'est important qu'on réfléchisse ensemble, que ce ne soit pas uniquement Julie et moi qui portions les idées, les choix d'orientation. Cette année, Gauthier et moi suivrons une formation sur l'eau et la dynamisation et Julie et Mathieu une formation sur le levain. » En attendant, en l'absence de Mathieu, Gauthier relaie Floriane pour sortir les pains du four.

Vendredi c'est jour de livraison à la Biocoop et au Chardon, à Nogent-le-Rotrou (Eure-et-Loir), un magasin qui regroupe depuis 2019 quinze producteurs bio et locaux du Collectif Percheron [lire *Kaizen* 58], un collectif initié il y a quinze ans par la Confédération paysanne, réunissant vingt-sept producteurs qui fournissent des Amap et des groupes de consommateurs à Paris. Demain, ce sera le tour de Julie d'aller vendre le pain sur le marché de Nogent, un rendez-vous qu'elle ne raterait pour rien monde ! Mais pour l'heure, les clients commencent à affluer dans la boutique de la ferme. Sur les étagères en bois : pains de seigle, au sarrasin, brioches, pâtes au blé tendre, jus de pomme, cidre, confitures, farine et viande bovine. De quoi concocter un repas complet avec de délicieux produits locaux ! ■

1. La silice de corne agit comme un surplus de lumière solaire pour les plantes.
2. Lire à ce sujet « Cultiver avec les rythmes cosmiques » page 111.

DES PRÉPARATIONS ANIMALES, VÉGÉTALES ET MINÉRALES

L'agriculture biodynamique partage une grande partie de ses méthodes avec l'agriculture biologique, notamment la rotation des cultures, l'utilisation de compost organique, le désherbage mécanique ou le travail modéré du sol. Mais d'autres pratiques lui sont spécifiques.

DES PRÉPARATIONS POUR LE COMPOST

Les plantes médicinales savent aussi soigner la terre. Les préparations élaborées avec elles permettent la réduction de la montée en température, la perte de substance, l'amélioration de la conservation des nitrates et phosphates. Elles sont insérées dans le compost, à raison de 1 à 2 centimètres cubes pour 10 mètres cubes, et la valériane est dynamisée avant d'être pulvérisée sur le tas de compost. Pour limiter les excès d'eau ou de sécheresse, celui-ci est couvert par une couche de paille ou une bâche en géotextile. biodynamie-recherche.org/influence-du-compost-biodynamique-sur-les-parametres-du-sol-apres-27-annees-dexperimentation/

Achillée millefeuille (502). Elle joue un rôle particulier dans la mobilité du soufre et du potassium.

Camomille matricaire (503). Elle est liée au métabolisme du calcium et régularise le processus de l'azote.

Valériane (507). Elle aide à la mobilité du phosphore dans le sol et forme un manteau de chaleur autour du compost.

Ortie (504). Elle renforce l'influence de l'azote et du fer et favorise une bonne humification.

Écorce de chêne (505). Elle est liée au calcium et régularise les maladies des plantes.

Pissenlit (506). Il joue un rôle important dans la mise à disposition de l'acide silicique pour les plantes.

LA BOUSE DE CORNE (500)

Elle résulte de la maturation de bouse dans une corne de vache. Celle-ci est enfouie sous terre en hiver où elle fermente six mois avant d'être déterrée au printemps.
À l'image d'un levain, cette préparation favorise la vie et la structure du sol, stimule la croissance racinaire, l'activité microbienne et la formation d'humus, régule le pH du sol, participe à la germination des graines, accroît le développement des légumineuses et la formation de leurs nodosités. Enfin, elle aide à la dissolution des formations minérales dans les sols et peut lutter contre les phénomènes de salinisation.
La bouse de corne est appliquée en soirée, minimum deux fois par an, au printemps et à l'automne. Pour une surface jusqu'à 2 500 mètres carrés, on utilise 25 grammes de bouse de corne que l'on brasse dans un volume d'eau de 3 à 10 litres pendant une heure. La pulvérisation s'effectue juste après, en gouttes assez grosses, sur le sol.
biodynamie-recherche.org/la-bouse-de-corne-sous-le-microscope/

LA SILICE DE CORNE (501)

Elle est réalisée à partir de poudre de cristaux de quartz broyés dans une corne de vache, enterrée durant la période estivale. Cette préparation stimule la partie aérienne des plantes : floraison, fructification, maturation, structuration… Elle agit comme un surplus de lumière solaire pour les plantes qui deviennent ainsi plus résistantes aux maladies comme le mildiou, l'oïdium ou la cloque. Elle améliore également la maturation et la conservation des fruits et légumes ainsi que leur qualité aromatique et alimentaire.
Pour une surface jusqu'à 2 500 mètres carrés, on utilise 1 gramme de silice de corne que l'on brasse dans un volume de 3 à 10 litres d'eau. La silice de corne est appliquée au lever du soleil, à la fin du printemps. On l'utilise également durant l'été et au début de l'automne, quand les fruits se forment et avant les récoltes. La dynamisation doit durer une heure et la pulvérisation se fait juste après, en fin brouillard.
biodynamie-recherche.org/influence-de-la-silice-de-corne-501-sur-la-composition-des-feuilles-et-des-raisins-en-viticulture/

LE COMPOST DE BOUSE DE MARIA THUN (CMBT)

Il est élaboré à partir de bouse de vache mélangée à du basalte, des coquilles d'œufs et des six préparations pour le compost [lire page 110]. Il agit sur le sol et permet de rendre les éléments nutritifs plus assimilables pour les cultures[1]. Pour une surface de 2 500 mètres carrés, on utilise 60 grammes dynamisés pendant 20 minutes dans 10 à 15 litres d'eau. On l'épand trois soirs de suite, juste avant les semis ou plantations pour les cultures annuelles ; en début d'automne, après récolte, pour la vigne et les vergers[2].

CULTIVER AVEC LES RYTHMES COSMIQUES

La vie sur Terre est influencée par nombre de rythmes naturels. Connus des civilisations anciennes, et présents dans les sociétés traditionnelles, ils sont pris en compte par les biodynamistes, sans pour autant primer sur les conditions agronomiques et météorologiques. Après de nombreuses observations et expérimentations, c'est Maria Thun qui a mis en lumière, dans les années 1950, les influences des rythmes lunaires et planétaires sur les plantes. Dans son parcours, la Lune croise les douze constellations du zodiaque. Chacune appartient à l'un des quatre groupes suivants : feu, air, eau et terre. Les constellations feu sont favorables aux fruits, celles de l'air aux fleurs, celles de l'eau aux plantes feuilles (salades…) et celles de la terre aux plantes racines (carottes…). La Lune demeure devant chacune d'elles pendant deux ou trois jours. Elle est alors comme un « amplificateur » qui concentre les influences de ces différentes constellations. Inutile de se plonger dans de savants calculs pour savoir quand et quoi cultiver : le calendrier biodynamique donne toutes ces informations.
bio-dynamie.org/produit/calendrier-biodynamique-2023

LA DYNAMISATION MODE D'EMPLOI

À l'image de la pluie, des rivières ou des torrents, la dynamisation[2] est un procédé d'activation de l'eau qui permet de la vitaliser. Les préparations sont diluées dans l'eau de pluie, une eau qui n'est pas parfaite, mais qui arrose naturellement les plantes et qui, contrairement à l'eau du robinet, n'est pas traitée. Les préparations sont ensuite brassées avant d'être pulvérisées. À l'aide d'un bâton, on forme un tourbillon (vortex) dans un sens, puis on le brise (création d'un chaos) et on crée un tourbillon dans l'autre sens. On doit de préférence utiliser un récipient en bois ou en cuivre. Pour des quantités importantes, il existe des dynamiseurs mécaniques.

SE FORMER AVEC LE MABD

Depuis 1990, le Mouvement de l'agriculture bio-dynamique (MABD) propose un brevet professionnel responsable d'entreprise agricole (BPREA), formation diplômante.
Il s'articule entre un enseignement de l'approche biodynamique et des bases solides en sciences naturelles, agronomie et conduite de cultures, élevage, approche du paysage, transformation des produits fermiers, mais aussi en communication, comptabilité-gestion, commercialisation, droit du travail. Il est dispensé sur deux ans aux CFPPA (centres de formation professionnelle et de promotion agricole) d'Obernai (67) ou de Segré (49) à raison de 1200 heures de cours théoriques et deux stages de sept mois dans des fermes en biodynamie. Le MABD propose également des formations à destination des professionnels et du grand public, applicables autant sur de grandes surfaces que dans un jardin.

→ Pour aller plus loin

- biodynamie-recherche.org
- bio-dynamie.org

1. Maria Thurn est une des pionnières allemandes de l'agriculture biodynamique.
2. Recherches en cours.

A G I R

« Voir loin, parler franc, agir ferme. »
Pierre de Coubertin

Faites mousser **le savon**

Texte par **Sylvie Hampikian** • Photos par **Olivier Degorce**

Discrédité, voire ringardisé, dans la seconde moitié du XXe siècle pour assurer la suprématie des détergents synthétiques (syndets), le savon connaît, ces dernières années, un véritable retour en grâce.

Indispensable pour la maison

Le savon est également utilisé pour la lessive (savon de Marseille en paillettes) et pour le ménage (savon noir en pâte ou liquide). Ce dernier se prête à de nombreux usages (vaisselle, nettoyage des sols, surfaces, métaux, etc.). Il s'agit d'un choix très écologique puisque le savon est biodégradable et non toxique pour l'environnement.

IL ÉTAIT UNE FOIS...

Le *sapo* des Romains est considéré comme l'ancêtre du savon. Issu d'une recette gauloise, il s'agit d'une pâte moussante à base de graisse de chèvre et de cendre de saponaire ou de hêtre. Le véritable savon, quant à lui, est apparu dans le monde arabe, probablement avant le IVe siècle ap. J.-C. Des recettes anciennes, recopiées par les moines, nous indiquent qu'à partir du VIIe siècle, les Arabes utilisaient de la chaux cuite pour obtenir des savons plus fermes, produits notamment à Alep, en Syrie, où l'on emploie encore ce procédé. Les savons du Proche-Orient ont fait l'objet d'un commerce florissant, notamment lors des croisades. C'est ainsi que la recette du savon est arrivée à Marseille ! Plus tard, on y a ajouté des ingrédients et parfums lui apportant davantage de finesse, voire un caractère luxueux. Aujourd'hui, c'est surtout son caractère naturel, écologique et économique que l'on plébiscite.

BIEN CHOISIR SON SAVON

Savon de Marseille en pain : préférez les savons 100 % naturels à base d'huile d'olive (sodium/potassium olivate) ou de coco ou coprah (cocoate). Les meilleurs bénéficient du sceau « 72 % d'huile d'olive ».
Savon d'Alep : vérifiez qu'il est bien à base d'huile d'olive et d'huile de baies de laurier (sodium olivate, sodium laurate).
Savon doux, savon surgras, savon de toilette : préférez les versions bio. On en trouve de nombreuses gammes artisanales. Attention toutefois aux savons multicolores des magasins pour touristes, dont le parfum chimique trahit l'origine industrielle.
Savon de Marseille liquide : idéalement, il est à base d'huile d'olive (sodium olivate), mais peut contenir de l'huile de coco ou de palme (cocoate, palmate), parfois additionnée de glycérine.

LE SAVON SOUS LA LOUPE

Le savon est un tensioactif (agent moussant) alcalin. Il dissout les graisses et détache la saleté. C'est aussi un antiseptique, qui inactive les bactéries et certains virus en faisant éclater leur paroi, si le contact dure au moins trente secondes. Contrairement aux idées reçues, le savon ne déstabilise pas le pH de la peau (ou seulement très temporairement). Il convient donc au nettoyage du visage, à la toilette corporelle, à la toilette intime et aux soins des bébés. Il faut juste éviter le contact de la mousse avec les yeux. Pour les peaux fines, sèches, sensibles, mieux vaut opter pour un savon doux, enrichi, par exemple, d'huile végétale, d'argile, d'avoine ou de lait (par exemple du lait d'ânesse).

Lait démaquillant très doux

Ce lait démaquillant nettoie parfaitement la peau grâce au savon. Mais il est très adouci par la présence de glycérine, hydratante, et d'huile, émolliente. Il ne pique pas les yeux. Les ingrédients spécifiques (cire, émulsifiant) se trouvent dans les boutiques de cosmétiques maison.

Temps de préparation : *env. 5 min*
Difficulté : *facile*
Conservation : *au moins 6 mois, à température ambiante*

Ingrédients (pour env. 200 ml)
- *4 c. à c. de savon doux finement râpé (type savon au lait d'ânesse) ou de savon de Marseille 100 % naturel en paillettes*
- *60 ml d'eau chaude*
- *120 ml d'huile d'amande douce ou de tournesol*
- *8 g de cire d'abeille (ou, pour une version végane, cire Olivem 1000 ou Polawax)*
- *1 c. à c. rase d'émulsifiant acide stéarique ou alcool cétylique*
- *25 gouttes d'huile essentielle (HE) de lavande vraie ou de lavandin (ou 10 gouttes d'HE parfumée de votre choix)*

Étapes de réalisation

1. Mélangez les copeaux de savon et l'eau chaude. Laissez reposer environ 5 min en tournant de temps en temps avec une cuillère.

2. Placez l'huile, la cire et l'émulsifiant au bain-marie (dans un bol placé dans une casserole d'eau). Maintenez à feu doux jusqu'à ce que le mélange soit limpide.

3. Hors du feu, incorporez l'eau savonneuse dans le mélange huileux.

4. Ajoutez la glycérine et l'huile. Battez le mélange quelques minutes avec un petit fouet. Il doit être homogène.

5. Transvasez dans un flacon souple ou muni d'un bouchon-pompe. Étiquetez et protégez l'étiquette avec de l'adhésif transparent. Agitez avant emploi.

6. Prenez une noisette de ce lait sur la main ou sur une lingette lavable. Utilisez comme tout démaquillant. Rincez à l'eau claire ou à l'aide d'un hydrolat.

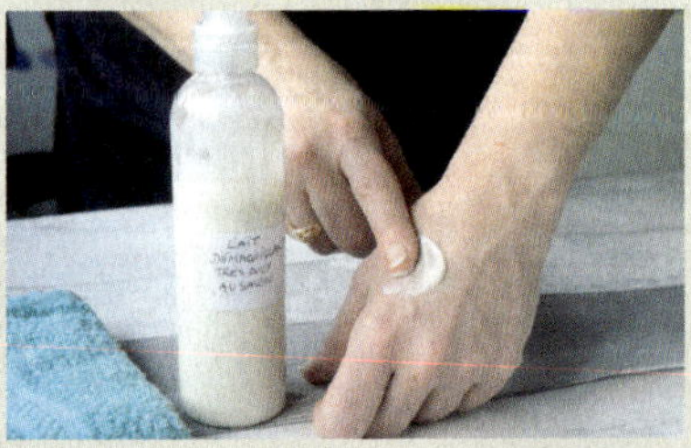

Temps de préparation : *env. 5 min*
Difficulté : *aucune*
Conservation : *12 mois à température ambiante*

Ingrédients
- *Env. 30 cl de savon de Marseille liquide ou de base lavante neutre bio*
- *1 ou 2 c. à s. rases d'ingrédient additionnel au choix (miel liquide, huile végétale, gel d'aloès, glycérine)*
- *20 à 30 gouttes d'HE pour parfumer (facultatif)*
- *1 c. à c. de sel fin*

Gel douche personnalisé

Voici une recette que vous pourrez adapter à vos envies ou à vos besoins. Le miel sera parfait pour une version familiale ; l'huile végétale conviendra aux peaux sensibles ; la glycérine ou le gel d'aloès ajouteront des propriétés hydratantes. Pour parfumer, vous pouvez opter pour des huiles essentielles.

Étapes de réalisation

1. Versez la base moussante dans un bol.

2. Ajoutez les autres ingrédients en les mélangeant un à un à l'aide d'un manche de cuillère. Terminez par le sel fin.

3. À l'aide d'un entonnoir, transvasez le tout dans une bouteille (ou un bocal) d'au moins 1/2 l. Bouchez-la.

Merci à Margot Raphael pour sa participation.

4. Secouez énergiquement pendant 2 à 3 min, de manière à bien mélanger, sans toutefois produire trop de mousse.

5. Transvasez dans un flacon souple ou muni d'un bouchon-pompe.

6. Si des traces de sel fin en suspension persistent, pas d'inquiétude, elles finiront par disparaître spontanément en quelques heures ou quelques jours.

Lessive pour linge délicat

Cette formule toute douce convient pour le lavage à la main ou en machine du linge délicat, peu sale, ou du linge de bébé. Dans ce cas, vous pouvez employer du savon à la glycérine. La lessive se conserve plusieurs mois à température ambiante.

Faites chauffer 1 l d'eau jusqu'à frémissement. Hors du feu, ajoutez 100 g de savon de Marseille (râpé ou en copeaux) et 3 c. à s. de bicarbonate de soude. Mélangez le tout jusqu'à dissolution et laissez reposer au moins 1 h, jusqu'à ce que le savon soit parfaitement dilué. Transvasez la préparation dans un bidon de contenance 2 l au moins et ajoutez 1 l d'eau tiède. Si la lessive est trop compacte, secouez vigoureusement ou ajoutez un peu d'eau. Utilisez environ 2 c. à s. pour un lavage main (une bassine) ou 20 cl pour une machine.

L'OIGNON
Tant de bienfaits !

Texte par **Sylvie Hampikian** • Photo par **Olivier Degorce**

Légume, aromate, remède ? L'oignon est tout cela à la fois... Consommé depuis la nuit des temps et apprécié dans le monde entier pour ses vertus culinaires et médicinales, il est par excellence un allié de notre santé.

Rangez vos scaphandres

L'odeur caractéristique de l'oignon est due aux composés soufrés volatils qui s'échappent de son suc, et qui sont bien connus pour tirer les larmes. Pour éviter cela, l'astuce consiste à éplucher l'oignon sous l'eau. Mais attention, seul le légume doit être immergé, pas vous !

SON PORTRAIT

L'oignon (*Allium cepa*) est une plante herbacée vivace de la famille des Amaryllidacées. Il se présente sous forme d'une touffe de tiges creuses, comestibles lorsqu'elles sont jeunes, surmontant un bulbe sphérique. De couleur jaune, brune, rouge, rose ou blanche, il présente une saveur douce ou, au contraire, puissante et soufrée.

SES PROPRIÉTÉS

L'oignon est riche en vitamines (notamment B6 et B9), en magnésium, calcium, potassium, phosphore, ainsi qu'en fibres. Il est très apprécié pour ses vertus antimicrobiennes, mais il a également été démontré qu'il exerçait des propriétés anticancéreuses, antidiabétiques, antioxydantes, antiplaquettaires (fluidifiantes sanguines), antihypertensives, antidépressives, neuroprotectrices, anti-inflammatoires, antiparasitaires, etc. On lui reconnaît des effets bénéfiques sur les systèmes digestif, circulatoire et respiratoire, ainsi que sur le système immunitaire[1]. Ces propriétés multiples reposent sur une composition très riche en composés bioactifs, principalement des polyphénols (quercétine, kaempférol, acide gallique et autres flavonoïdes) et des composés soufrés volatils (thiosulfinates, cycloalliine, sulfoxydes, etc.)
Si toutes les variétés se valent en termes de propriétés antimicrobiennes et nutritionnelles, les oignons très colorés (rouges, bruns) sont plus riches en polyphénols, et donc plus efficaces vis-à-vis du diabète et des maladies cardio-vasculaires, inflammatoires, cancéreuses.

ON L'EMPLOIE COMMENT ?

À l'état frais : on trouve des oignons sur les étals toute l'année, y compris dans leur version bio. Ils se conservent bien, au frais. Contrairement à la rumeur, ils ne deviennent pas toxiques une fois coupés. On peut les employer au quotidien, crus dans les salades, ou cuits dans les plats cuisinés, potages et bouillons. Éviter en revanche la friture, qui altère fortement leurs bénéfices.
En infusion : il existe de nombreuses recettes de remèdes à base d'oignon. La décoction de pelures est notamment réputée pour lutter contre la fatigue et les affections respiratoires (rhinite, syndrome grippal, etc.). Faire frémir pendant 5 à 10 min, sous couvercle, 1 cuillère à soupe (une bonne pincée) de pelures d'oignons dans 30 cl d'eau. Vous pouvez ajouter à la décoction un petit morceau de gingembre et quelques copeaux de cannelle. Filtrer, ajouter éventuellement du citron et du miel. Boire bien chaud, en respirant les vapeurs. À faire deux fois par jour pendant quelques jours.
En cataplasme : on trouve également de nombreuses recettes de cataplasme d'oignon. Le plus simple consiste à appliquer un petit morceau d'oignon frais sur les boutons, irritations, piqûres d'insectes ou sur les taches pigmentaires, pour les estomper.
En huile essentielle, teinture-mère ou gélules : ces extraits sont intéressants pour les personnes qui ne digèrent pas l'oignon. Ils bénéficient d'une grande partie de ses propriétés.
En coloration capillaire : une décoction forte d'oignons (rouges ou jaunes) donne de beaux reflets framboise aux cheveux foncés. À appliquer tiède, sur cheveux lavés et rincés. Malaxer ensuite les cheveux et les essorer.

L'ACHETER OU LE CULTIVER ?

L'oignon est un légume très courant et assez peu cher, dont on trouve un grand choix toute l'année sur les étals, y compris en bio. Également de culture facile, il convient aux petits espaces. Il nécessite une terre riche, mais contenant peu de matières organiques en décomposition, donc un terreau bien mûr. Il a besoin de peu d'arrosage. Il se sème à l'automne, en pleine terre, ou se repique sous forme de bulbilles entre février et avril.

1. Arka Jyoti Chakraborty, et al. « *Allium cepa*: A Treasure of Bioactive Phytochemicals with Prospective Health Benefits », *Evid Based Complement Alternat Med.*, 18 janvier 2022.

« Au présent : je carotte, tu asperges, il mâche, nous oignons, vous chicorée, ils ou elles les tuent. À l'imparfait : je panais […] »

Honoré de Balzac (1799-1850)

BRISÉE
sans gluten
à la farine de lin jaune
Bio bleud
NOUVELLE RECETTE + SAINE + GOURMANDE
CUISINONS ENSEMBLE !
PIZZA
sans gluten
à la farine de lin jaune
Bio bleud
NOUVELLE RECETTE + SAINE + GOURMANDE
CUISINONS ENSEMBLE !
FEUILLETÉE
sans gluten
à la farine de lin jaune
Bio bleud
NOUVELLE RECETTE + SAINE + GOURMANDE
CUISINONS ENSEMBLE !

7 RAISONS *de se mettre au vélotaf*

Texte par **Pascal Greboval**

Conscience écologique, lutte contre la sédentarité, économies… Nombreuses sont les bonnes raisons de passer au vélotaf – contraction de « vélo » et « taf », travail à faire – pour ses trajets domicile-travail ou ses déplacements pros. Une solution qui fait encore plus sens quand on sait que 35,7 % des salariés travaillent à moins de 5 kilomètres de chez eux. Chez *Kaizen*, nous sommes plusieurs à le pratiquer. Dans cette nouvelle rubrique, nous vous donnons des clefs pour agir.

Parole de vélotaffeuse

« Quatre ans après l'achat de mon vélo, je passe le cap des 10 000 kilomètres. J'ai découvert le bonheur de faire du vélotaf, le bien-être qu'il procure et les sensations qui changent chaque jour en fonction du temps, de la luminosité, des saisons qui passent… » **Aline**

1 BAISSE DES ÉMISSIONS

Le transport est le premier secteur émetteur de GES avec 29 % des émissions, dont + de 50 % générées par les voitures particulières. À la production, le bilan carbone moyen d'un vélo est 80 x plus faible que celui d'une voiture. À l'usage, le vélo émet entre 500 et 700 x moins de polluants qu'un véhicule thermique.

2 LUTTE CONTRE LA SÉDENTARITÉ

Pédaler au quotidien est l'un des plus sûrs moyens d'**avoir sa dose quotidienne d'activité physique**. Une étude danoise a même montré que le vélotaf réduit le risque de mortalité précoce de 28 %.

3 GAIN DE TEMPS EN VILLE

Pour les trajets en ville, sur un parcours de 5 km, **le vélo est plus rapide que la voiture** : 15 km/h en moyenne contre 14 km/h.

4 RÉDUCTION DU STRESS

Avec le vélo, vous maîtrisez votre temps de transport. **Vous évitez les retards,** les soucis pour vous stationner, les bus et métros bondés, etc.

5 BAISSE DES COÛTS

Le coût annuel global d'une petite voiture est estimé à environ 4 000 € contre 280 € pour un vélo : **une économie loin d'être négligeable !**

6 FORFAIT MOBILITÉS

Cette prise en charge, facultative, par les employeurs de tout ou partie des frais de transport personnels domicile-travail a remplacé l'indemnité kilométrique vélo (IKV). Elle est **exonérée d'impôt sur le revenu** et de cotisations sociales. Elle s'élève à 700 € maximum/an/salarié, 800 € en cas de cumul avec la prise en charge de l'abonnement de transport en commun.

7 AVANTAGES POUR L'EMPLOYEUR

Côté employeur aussi, les avantages du vélotaf sont multiples : amélioration de la productivité (+12 %), de la santé et de la cohésion des équipes ; réduction des retards et de l'absentéisme ; **amélioration du bilan carbone et de l'image de l'entreprise** ; aides financières de l'État pour la mise en place d'un plan de déplacement entreprise (PDE) ; économies liées au remplacement des voitures de service par des vélos, entre autres.

Sources : Ademe - « Enquête mobilité des personnes 2019 », SDES - theguardian.com

PARC NATUREL RÉGIONAL
DES MARAIS DU COTENTIN ET DU BESSIN

PAYSAGE MOUVANT

Texte par **Alicia Blancher**

Au fil des saisons, le Parc naturel régional des Marais du Cotentin et du Bessin change de visage. Avant de se recouvrir d'un vert tendre au printemps, les bocages normands se déclinent dans des teintes immaculées grâce à l'eau des rivières qui les inondent. Ces grandes étendues, laiteuses avec le reflet du soleil, abritent alors de nombreux oiseaux venus s'y nourrir. Un spectacle éblouissant, aux sens propre et figuré.

© Alicia Blancher

À la fenêtre du train Caen-Carentan, communes du Calvados et de la Manche, une fois passé Bayeux, le paysage bocager normand se dévoile peu à peu. Des champs légèrement vallonnés défilent, sillonnés par les rivières et parsemés de troupeaux de vaches laitières. Les haies, qui moutonnent ces prairies, donnent à voir des arbres tortueux, sculptés par le vent. Par endroits, le vert tendre de ces étendues laisse place au blanc crème. Il s'agit des zones humides du Parc naturel régional des Marais du Cotentin et du Bessin (PnrMCB) du bas-pays, situé en dessous du niveau de la mer. Dès les premières pluies d'automne, le niveau des cinq rivières qui traversent le territoire monte et l'eau envahit progressivement les fonds de vallées. Au printemps, la végétation se réveille et absorbe en partie cet or bleu.

Avec le reflet du soleil, ces larges étendues se couvrent d'un voile laiteux. On dit alors que « les marais sont blancs », une expression remontant au XVIIIe siècle. Mais, en ce début février, l'eau commence à reculer, le marais se met à réessuyer. « C'est lié à la pluviométrie, donc ce n'est pas une science exacte, admet Erwan Patte, chargé de communication au Parc. En général, on peut admirer les marais blancs de novembre jusqu'à fin février. »

De grandes plaines laiteuses illuminées par un ciel aux tons pastel, quelques oiseaux en vol et une quiétude sans pareil. Une sensation d'apaisement émane de ce tableau vivant.

OUVRIR L'ŒIL ET TENDRE L'OREILLE

Si le spectacle n'est plus aussi grandiose quand l'eau douce se retire, la période est propice à l'observation des

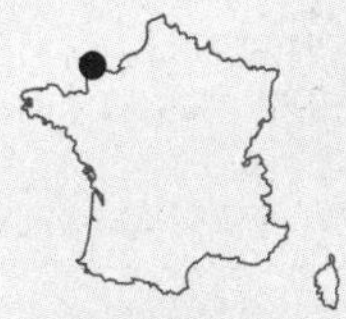

EN **RÉSUMÉ**

- Créé en **1991**
- Région : **Normandie** ; à cheval sur 2 départements : Manche (50) et Calvados (14) ; entre Caen et Cherbourg
- **146 650 ha**, dont 1 zone humide de 30 000 ha classée RAMSAR
- **4 sites Natura 2000** avec **38 oiseaux** d'intérêt européen et **84 espèces protégées**
- **1 550 km** d'itinéraires à pied ou à vélo

Lorsque l'eau se retire progressivement des fonds de vallées, on dit que le marais réessuie.

Originaire de l'Europe du Sud et du pourtour méditerranéen, l'aigrette garzette est de plus en plus présente dans le Cotentin.

Laurent Legrand, L'Oiseau arpenteur, délivre lors de ses animations de précieux conseils pour utiliser correctement une longue-vue ou des jumelles.

oiseaux, qui viennent en nombre pour se nourrir dans les dépôts de végétaux. Un moment apprécié des ornithologues, comme Laurent Legrand, guide naturaliste depuis un an au sein du Parc. Alors qu'il installe sa longue-vue sur l'observatoire de Liesville-sur-Douve[1], ce Normand de 55 ans s'étonne de la descente rapide du niveau d'eau. « Dimanche dernier, c'était complètement blanc ! » s'exclame-t-il.

« Quand il y a beaucoup d'eau, cela favorise les canards, et dès que ça réessuie, d'autres espèces sont attirées, comme les limicoles, petits échassiers qui se nourrissent dans la vase. »

Laurent Legrand n'est pas « un gars des marais ». Originaire de la pointe ouest du Cotentin, où les falaises laissent peu de place à la diversité des espèces d'oiseaux, il apprécie le paysage mouvant du Parc. De l'hiver au printemps, et même d'une semaine à l'autre, le ballet des marais rythme ses animations. « Quand il y a beaucoup d'eau, cela favorise les canards, et dès que ça réessuie, d'autres espèces sont attirées, comme les limicoles, petits échassiers qui se nourrissent dans la vase. » Le guide nous demande de tendre l'oreille : parmi les divers chants d'oiseaux, on distingue un cri, semblable à des ondes radio. La discussion semble aller bon train. Le vanneau huppé est l'un des fameux limicoles présents sur les marais. Dans la longue-vue, l'ornithologue nous invite à observer les diverses teintes de son plumage.

Face à nous, la brume sur le marais se lève tout doucement et dévoile peu à peu le paysage dans la fraîcheur matinale. À l'œil nu, on aperçoit désormais des héronidés, tels que les grandes aigrettes ou les hérons cendrés. Et les cigognes blanches que l'on découvre en plein vol lorsqu'elles quittent leur perchoir. Depuis

Joël Godard a ouvert sa ferme à Liesville-sur-Douve en 2007.

Le réseau de fossés, les limes, qui sillonnent les prairies, permet d'évacuer l'eau en hiver, tandis qu'il préserve la ressource en été lorsqu'il fait sec.

quelques années, ces échassiers majestueux se sont installés dans le Cotentin, temporairement en été et certains sur toute l'année.

L'AGRICULTURE AU RYTHME DES MARAIS

Si ces marais sont assez ouverts pour accueillir l'eau douce, c'est parce qu'ils sont façonnés une partie de l'année par l'agriculture. Sans le pâturage et le fauchage, les saules coloniseraient les marais et laisseraient place à des espaces boisés, beaucoup moins favorables aux insectes, aux végétaux et donc aux oiseaux.

Joël Godard a appris à travailler avec ces zones humides et leurs particularités il y a quelques années. « Quand on s'enfonce dans le marais, on ne va pas chercher un tracteur pour tirer. Il faut pousser au contraire, pour se décoller », s'amuse l'agriculteur, qui apprécie tout de même la repousse constante de l'herbe grâce à la terre gorgée d'eau. Autre avantage : le cadre. Avec sa ferme située à moins de 500 mètres des marais de Liesville-sur-Douve, le cinquantenaire ne se lasse pas des paysages qui l'entourent. Les yeux éblouis par le soleil, qui se reflète dans l'eau, l'éleveur de vaches laitières et de limousines tente de délimiter du doigt les parcelles qu'il occupe à partir du mois de mai. « J'ai 60 hectares, et en un seul endroit on voit tout », sourit l'homme plongé dans les lumières douces de février et les effluves d'herbe légèrement macérée émanant des marais.

> ***« J'ai 60 hectares, et en un seul endroit, on voit tout. »***

CHÂTEAUX ET MANOIRS À L'HORIZON

Il y a quelques siècles, ce n'était pas l'eau de pluie qui inondait les terres du Cotentin et du Bessin, mais l'eau salée. Pour empêcher la mer de pénétrer dans les vallées et développer l'activité économique, comme l'agriculture, les Normands ont installé au XVIIIe siècle des portes à flots aux embouchures des rivières. Elles s'actionnent par la seule force des eaux. À chaque marée montante, sous la pression de l'eau de mer, elles se referment ; et s'ouvrent à l'inverse à marée basse, sous la pression de l'eau des rivières, afin que l'eau douce accumulée dans les marais puisse s'évacuer.

De cette proximité avec la mer, quelques vestiges demeurent. À côté des clochers d'églises, quelques tours de châteaux et manoirs dominent l'horizon du haut-pays. Pour prévenir les invasions extérieures, plusieurs forteresses ont été établies à partir du Moyen Âge, non loin des côtes normandes. Certaines peuvent d'ailleurs se visiter, comme le donjon du Plessis ou le château de Colombières, à l'ouest et à l'est d'Isigny-sur-Mer.

À la recherche d'une petite « fermette » dans le Cotentin, Sébastien Briere et son épouse ont eu un coup de cœur pour le manoir de Juganville. Une façade ornée de pierre calcaire et de meurtrières, des grilles défensives, un pigeonnier perché en haut de la tour, des escaliers à vis creusés par le temps… Cette ferme fortifiée du XVIe siècle n'a pas renié ses origines, que le propriétaire tente de mettre en valeur dans ses travaux d'embellissement.

Ancien cadre dans l'industrie agrochimique, le Rouennais d'origine tient désormais à « faire vivre » ce manoir dont il a repris l'activité de chambres d'hôtes en 2019. Pour peaufiner son accueil, Sébastien Briere a débuté une formation en ornithologie. « Je souhaiterais faire des animations lors de la période des marais blancs et des migrations de printemps ou d'automne. » En effet, le Parc naturel régional des marais du Cotentin et du Bessin dévoile un nouveau visage dès le mois de mars, alors dessiné par de grandes plaines verdoyantes et habité par de nouveaux habitants à plumes. Un paysage mouvant, vivant, qui se façonne au rythme des marais. ■

1. La Douve est l'une des cinq rivières du Parc.
2. Il existe un train direct en provenance de Paris et à destination de Cherbourg.

DÉCOUVRIR LES MARAIS À VÉLO, EN CANOË OU EN BARQUE

L'arrivée par le train dans le Cotentin[2] assure une vue plongeante sur les marais. Qu'ils soient blancs ou verts, le spectacle est magique. Une fois arrivé à Carentan, on peut poursuivre son périple en mobilités douces.
À la gare, Cycles des Marais propose des vélos à louer. De quoi sillonner les nombreuses voies vertes du Parc. En bord de rivière ou à travers champs, il y en a pour tous les goûts. Pour s'immerger pleinement dans les marais, on peut aussi suivre les rivières sinueuses à bord d'un canoë-kayak ou d'une barque électrique (voir Les Bateliers des Marais du Cotentin). L'occasion idéale de découvrir la faune et la flore environnantes.

Sébastien Briere, propriétaire du manoir de Juganville, s'est reconverti dans le tourisme suite à un coup de cœur pour cette demeure.

En plus des nombreuses voies vertes, il est possible d'emprunter la Vélomaritime qui relie Roscoff aux portes de la Belgique et traverse le Parc en plusieurs endroits.

→ Pour aller plus loin

- parc-cotentin-bessin.fr
- valeurs-parc.fr

© Alicia Blancher – E. Patte/PnrMCB

3 raisons de choisir un jeûne encadré par la FFJR

Connaissez-vous la formule préférée d'un grand nombre de jeûneurs ? Le jeûne avec apport de nutriments sous forme de jus de fruits ou de légumes, de bouillons. Cette pratique est encouragée en France par la Fédération Francophone de Jeûne et Randonnée (FFJR). Découvrez plusieurs raisons de choisir un jeûne encadré par la FFJR.

1. Respecter son corps

Dans les centres certifiés FFJR, on jeûne pendant une semaine et on randonne deux à cinq heures par jour ! Incroyable ? C'est pourtant une méthode pratiquée et approuvée par plus de 14 000 français par an. Une efficacité possible parce qu'on vous propose un jeûne accompagné de jus de fruits, de tisanes, de jus de légumes et de bouillons. C'est le jeûne dit Buchinger, du nom du Docteur Otto Buchinger, médecin allemand ayant initié cette pratique il y a 100 ans. Cet apport calorique léger vous procure l'énergie nécessaire pour partir en randonnée tous les jours, vous nourrir de la beauté de la nature et entretenir vos muscles. Idéal pour une détox et un ressourcement en profondeur et en douceur.

2. Être guidé et bien accompagné

Tous les centres FFJR s'adressent à des adultes en bonne santé, mais cela reste une expérience intense et parfois inédite pour le corps. C'est pour cette raison que depuis plus de 30 ans, le rôle de la FFJR est d'accompagner chaque jeûneur avec professionnalisme et bienveillance tout au long de son séjour. Tous les organisateurs certifiés FFJR :

- sont formés et ont acquis toutes les connaissances et compétences nécessaires pour encadrer des séjours Jeûne et Randonnée ;
- ont une grande expérience du jeûne et le pratiquent régulièrement ;
- agissent par conviction et ont à cœur de partager et faire découvrir cette pratique.

Les organisateurs certifiés FFJR vous guident pas à pas, à votre rythme, organisent des conférences du soir, des moments d'échange entre participants, invitent des intervenants extérieurs... Ces temps de rencontre et de partage sont au cœur des séjours.

Jeff, 50 ans,

Séjour réalisé à Muvrella Corsica

“J'en suis à mon 8eme jeûne, tous FFJR. Ma dernière semaine a été magnifique dans tous les sens du terme : un lieu authentique et une maison Corse de caractère où on se sent bien : cocooning ! Si vous recherchez de la bienveillance, de l'authenticité, un cadre pour jeûner et marcher dans les montagnes, avec un accompagnement aux petits soins : c'est ici qu'il faut venir ! Des activités complémentaires vous sont proposées : Yoga, Naturopathie, Soins, Découverte de la nature extraordinaire et petites surprises vivifiantes dans les torrents et la Méditerranée. Une semaine extraordinaire pour faire le point et avoir les idées claires. Je recommande la FFJR à tout Jeûneur : Authenticité, Cadre, Bienveillance et Soins.”

3. Trouver le lieu qui correspond à ses envies

120 centres certifiés FFJR, c'est la possibilité de trouver votre jeûne idéal, en fonction de vos préférences. 200 destinations au choix, partout en France (Côte d'Azur, Bretagne, Pyrénées, Paris...) ou même Québec, Laponie, Rio, Martinique ! Chaque centre organise des activités complémentaires à la pratique de Jeûne et Randonnée, parmi lesquelles la méditation, le yoga, l'équithérapie, la danse, la peinture, des randonnées plus sportives, des visites culturelles... Vous avez aussi le choix du niveau de prestation : du confort luxueux avec spa aux hébergements les plus simples, voire insolites si vous avez l'âme d'un aventurier… Autrement dit, il y en a pour tous les goûts… ;)

Contacter la FFJR

contact@ffjr.com · www.ffjr.com · ffjr_jeuneetrandonnee · FFJR Jeûne et Randonnée

→ Pour aller plus loin

- *La Maison écologique*, n° 97 et HS 12
- « Mémento technique » de l'Astee : astee.org/publications/memento-technique-2017/
- Site de Pierre L'écoleau : ec-eau-logis.com

Récupérateur d'eau, une pluie ressourçante

Texte par **Alicia Blancher** • BD par **Le Cil Vert**

Elle contrarie nos plans au printemps, mais nous manque terriblement en été. Quel que soit son tempo, la pluie est une ressource inestimable pour la nature et pour répondre à nos besoins en eau. Afin de s'adapter à son rythme, on peut la récupérer et la stocker dans une cuve lorsqu'elle tombe en abondance pour l'employer, ensuite, dans les périodes moins humides. Pour le potager, par exemple, cela coule de source !

Le saviez-vous ? Arroser son potager, ses fleurs ou encore ses jardinières représente 6 %[1] de la consommation d'eau potable d'un ménage français moyen selon l'Office national de l'eau et des milieux aquatiques (ONEMA). Une goutte d'eau, me direz-vous, au regard des 150 litres consommés en moyenne par personne et par jour. Mais avons-nous vraiment besoin d'eau potable pour faire pousser nos légumes ? La réponse est non. Vous me voyez venir avec mes gros sabots ? C'est ici qu'intervient le récupérateur d'eau de pluie !

En plus de préserver la ressource en eau, et de réduire les risques d'inondation, la récupération de l'or bleu repose sur un principe simple comme bonjour : lorsque la pluie ruisselle sur le toit et atterrit dans les gouttières, on la capte en installant une seconde descente de gouttière reliée plus bas à une cuve. Équipé d'un petit robinet à sa base, ce bac doit être légèrement surélevé. Et lorsque le potager se trouve un peu éloigné de l'habitation, on prévoit un tuyau de liaison. Petite précision utile : afin de retenir les débris végétaux et les insectes morts, il est conseillé de placer un filtre grossier, comme une crapaudine, en haut de la descente de gouttière.

ESTIMER SES BESOINS EN EAU

Avant de vous précipiter dans votre atelier ou dans un magasin de bricolage pour vous procurer ce bac magique, il est important de réfléchir en amont à son dimensionnement[2]. Le but n'est pas de stocker plus que ce dont vous avez besoin. Une région où il pleut souvent requiert un volume moindre car la cuve est régulièrement alimentée ; à l'inverse, dans une zone où les pluies sont espacées mais intenses, il faut recueillir le plus d'eau possible en prévision des périodes sèches. De plus, la taille du bac peut varier selon vos différents besoins. Car si ce système est souvent employé pour le jardinage, il peut aussi, après filtration, alimenter le réseau d'eau de la maison (douche, machine à laver, toilettes, etc.[3]).

Alors que les périodes de canicule et de sécheresse s'intensifient en France, la récupération de l'eau de pluie apparaît comme une évidence. De plus en plus de collectivités, comme le département de la Sarthe ou la métropole d'Orléans, ont ainsi mis en place des subventions pour soutenir l'achat et l'installation de cuves chez les particuliers. C'est peut-être le cas autour de chez vous... Alors, prêt·e à faire la danse de la pluie ? ■

Avec le Low-tech Lab, passez à l'acte et retrouvez le tutoriel de la récupération d'eau de pluie avec vases communicants (Vasco) avec ce code QR.

1. Ce taux comprend également le lavage de la voiture.
2. Il dépend de vos besoins en eau et des volumes d'eau de pluie possiblement récupérables grâce à votre toiture. Voir la fiche « Estimer la quantité d'eau de pluie récupérable grâce à une toiture, dimensionner son stockage en prenant en compte les changements climatiques » sur wiki.lowtechlab.org
3. Voir la vidéo YouTube de L'ArchiPelle/Pierre L'écoleau à ce sujet : « Comment collecter et traiter l'eau de pluie. Partie I ».

C'EST QUAND MÊME MALHEUREUX TOUTE CETTE EAU QUI TOMBE MAINTENANT...
ALORS QU'ON N'A RIEN EU CET ÉTÉ
OUAIS... IL FAUDRAIT...
INVERSER LA ROTATION DE LA TERRE AVEC DES VENTILATEURS GÉANTS POUR QU'IL PLEUVE EN ÉTÉ ?
NON, UN BAC DE RÉCUPÉRATION D'EAU DE PLUIE
ON VA UTILISER LA SCIENCE ET PAS LA SCIENCE-FICTION !
ON VA REPRENDRE LE PRINCIPE DES VASES COMMUNICANTS...
IL SUFFIT D'INSTALLER UNE SECONDE DESCENTE DE GOUTTIÈRE ÉTANCHE...
NIVEAU
ELLE VA SE REMPLIR ET REMPLIR NOTRE CUVE EN MÊME TEMPS... C'EST DE LA PHYSIQUE ÉLÉMENTAIRE !
EUH... J'ÉTAIS MALADE LE JOUR OÙ ON A VU ÇA AU COLLÈGE
évent
Ø 100
1 J'INSTALLE UN COLLECTEUR D'EAU SUR MA DESCENTE DE GOUTTIÈRE
2 TU LE CONNECTES À UN TUBE DE 100MM DE DIAMÈTRE ?
ON VA CRÉER UN VOLUME TAMPON
3 ON N'A PLUS QU'À FAIRE PASSER UN TUYAU DE LIAISON JUSQU'À LA CUVE
SUPER ! GRÂCE À TOI, JE VIENS DE COMPRENDRE MON COURS DE PHYSIQUE DE 6E

Je crée *mon premier potager*

Texte et photos par **Joseph Chauffrey**

Créer son petit potager, voilà une activité qui a le vent en poupe ! Peur de l'avenir, prise de conscience de la fragilité de notre modèle alimentaire globalisé, rêves d'autarcie, besoin de reconnexion à la terre, création d'un support éducatif pour les enfants... Les objectifs sont multiples. Mais, inévitablement, se posent des questions très pratiques : où installer ce potager ? Quelle taille lui donner ? Comment l'organiser ?

Quand on crée son premier potager, l'écueil principal à éviter, me semble-t-il, est de démarrer trop grand avec, pour ambition, d'atteindre l'autarcie, soit environ 150 kilos de légumes par personne et par an. Non seulement c'est techniquement difficile pour un débutant, mais surtout cet objectif n'est, à mes yeux, pas souhaitable. Viser l'autarcie implique de ne plus avoir besoin des autres pour subvenir à ses besoins, ce qui va à l'encontre de l'esprit de la permaculture qui prône au contraire le « faire-ensemble », le partage des ressources, des savoirs et des compétences.

VIVE LES PETITES SURFACES !

Dès lors, oubliez les 200 mètres carrés du potager de vos grands-parents et lancez-vous modestement sur 5, 10 ou 20 mètres carrés ! Cela sera déjà bien assez pour vous familiariser avec les techniques de semis, la planification de l'année jardinière, la gestion de l'eau et l'identification des « ravageurs ». Privilégiez un

emplacement ensoleillé, y compris l'hiver, plat et le plus possible à l'abri des vents. Idéalement, installez votre potager à proximité directe de la maison : il n'en sera que mieux surveillé et plus productif. Bill Mollisson, l'un des cofondateurs de la permaculture, écrivait à juste titre : « Ce n'est pas la taille du terrain qui en fait sa productivité, mais la qualité des informations qui inspirent sa conception et celle des soins que l'on y apporte[1]. »

PRÉCIEUSES PLANCHES

Se pose ensuite la question de l'organisation du potager. J'affectionne personnellement le découpage en planches de culture, c'est-à-dire des zones de terre sur lesquelles le jardinier ne doit pas marcher – celles-ci étant encadrées par des allées. Je préconise des planches de culture d'environ 1 mètre de large (de telle sorte que vous puissiez atteindre leur centre sans poser un pied sur la terre) sur quelques mètres de long. Entre chacune, et si la taille de votre terrain le permet, prévoyez de larges allées (50 centimètres minimum).

VOUS DÉMARREZ D'UNE PELOUSE ?

Bien des jardiniers créent leur premier potager en partant d'une pelouse. Si c'est votre cas, commencez par délimiter l'emplacement de vos planches de culture et de vos allées en plantant des piquets reliés avec des ficelles. Découpez le pourtour de vos planches de culture à l'aide d'une bêche plate, puis supprimez méthodiquement la pelouse sur chacune d'elles. Ne vous contentez pas de retourner les mottes d'herbe, celle-ci repartirait en quelques semaines. Après avoir décaissé le gazon, retournez vos planches de culture sur une profondeur de bêche (20-25 centimètres) pour éliminer les plus gros cailloux. Ce retournement n'intervient qu'en année 1. Les années suivantes, un simple passage de grelinette devrait suffire à ameublir votre sol. Affinez au râteau la terre fraîchement retournée et apportez 2 à 3 kilos de compost par mètre carré. Vos planches de culture sont prêtes à recevoir vos semis et repiquages !

« Ce n'est pas la taille du terrain qui en fait sa productivité, mais la qualité des informations qui inspirent sa conception et celle des soins que l'on y apporte. »

Elles doivent permettre une circulation aisée et le passage d'une brouette. Ces allées pourront être enherbées ou recouvertes de broyat. En cas de jardin très contraint, comme c'est le cas chez moi, de simples planches de bois peuvent suffire à circuler entre les planches de culture. Économe en place, mais peu pratique au quotidien lorsque les légumes deviennent exubérants au potager !

Dans la majorité des situations, la butte de culture[2] ne sera d'aucun intérêt. À moins que vous n'ayez la roche affleurante ou un terrain gorgé d'eau jusqu'au mois de juin, des planches de culture plates feront très bien l'affaire et seront plus pratiques d'entretien que des buttes qu'il vous faudra mettre en œuvre à grands coups de pelle, puis remodeler chaque année pour limiter leur affaissement. Je vous encourage enfin à standardiser les dimensions de vos planches de culture. Cela vous facilitera la pose des voiles de protection et des filets anti-insectes que vous pourrez découper en une taille unique. Alors, à vos croquis ! ■

Joseph Chauffrey est titulaire d'un master en écologie et environnement, certifié CCP en permaculture à la Ferme biologique du Bec Hellouin. Formateur en jardinage durable, il est spécialisé sur le sujet des jardins productifs. Il est l'auteur de *Mon petit jardin en permaculture*; *J'optimise l'espace au potager*; *Je construis mon séchoir solaire* (Terre Vivante).
josephchauffrey.fr

UNE PRODUCTIVITÉ POTENTIELLEMENT TRÈS ÉLEVÉE

L'université de Caen a mené récemment une étude[3] visant à estimer la productivité moyenne des potagers français. Cette étude, menée sur trois villes du nord de la France, Rennes, Caen et Alençon, dévoile le chiffre de 1,8 kilo de légumes par mètre carré et par an. Ce chiffre traduit la production du jardinier moyen, cultivant l'assortiment classique des légumes et ne cherchant pas à optimiser l'espace de son potager. À l'inverse, en tant que jardinier amateur travaillant depuis une dizaine d'années à optimiser l'espace dans mon petit potager, je peux témoigner du fait que des rendements de l'ordre de 10 à 12 kilos de légumes par mètre carré et par an sont possibles. Sans chercher à atteindre ces résultats, un jardinier débutant qui initie une démarche permaculturelle et fait appel à quelques techniques d'optimisation de l'espace peut raisonnablement espérer produire 4 à 5 kilos de légumes par mètre carré et par an. Un potager de 20 mètres carrés bien mené peut donc déjà vous offrir une part importante de vos légumes !

1. Bill Mollison, *Introduction à la permaculture*, Passerelle Éco, 2013.
2. Zone de culture surélevée par rapport aux allées, avec ou sans apport de matière organique (bois mort, tontes...) en son cœur.
3. Maxime Marie, « Estimation de la contribution de la production potagère domestique au système alimentaire local », *VertigO - la revue électronique en sciences de l'environnement* [en ligne], 19, 2, octobre 2019.

Sélection K

LIVRES

LA RÉVOLUTION DES MINI-FORÊTS
La méthode Miyawaki
Hannah Lewis, Eyrolles
Élaborée par le botaniste japonais Miyawaki, cette méthode fait des émules dans le monde entier. Capable de restaurer la biodiversité sur des surfaces restreintes en peu de temps, en ville comme à la campagne, elle est accessible et fondée scientifiquement. L'ouvrage retrace l'histoire de ces mini-forêts, ponctuée par des témoignages, puis donne des conseils pratiques pour les créer. L'autrice invite ainsi citoyens, associations, collectivités, écoles, entreprises à se saisir de cette solution de reforestation originale.

ÉCOLOGIE PRATIQUE POUR PARENTS DÉBUTANTS
Aline Gubri, First
Lait, alimentation, couches, vêtements, astuces pour éviter les plastiques et décrypter les étiquettes… L'ouvrage illustré guide les parents soucieux d'offrir des modes de consommation sains pour leurs bébés et bons pour la planète.

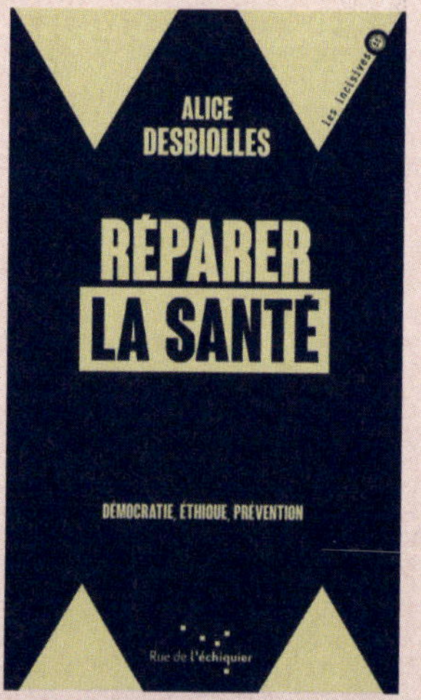

RÉPARER LA SANTÉ,
Démocratie, éthique, prévention
Alice Desbiolles, Rue de l'échiquier
Médecin de santé publique, l'autrice revient sur la gestion de la crise du Covid-19 pour dénoncer les dérives d'une vision techniciste et disciplinaire de la santé publique, tout comme les conséquences sanitaires d'une gestion écocidaire de l'environnement. Elle défend ainsi une approche holistique, plus humaine et démocratique.

LA MAGIE DU CYANOTYPE
Immortaliser la nature
Carasco et al., Hoëbeke
Dans ce beau-livre, l'artiste conteuse, animatrice du site Carasco, initie les lecteurs aux splendides techniques du cyanotype. Procédé alternatif de photographie qui transforme les végétaux en tableaux poétiques, cet art nous invite à contempler, cueillir et recréer un univers végétal sensible et original en toute saison. Avec ses belles nuances de lumière, la magie du cyanotype créé des œuvres subtiles et délicates.

RÉSISTANCES POÉTIQUES
Stratégie d'action pour la génération climat
Cyril Dion, Sébastien Hoog, Anouk Grinberg, JR et al., Actes Sud
L'art s'illustre dans ce beau-livre comme une voie pour résister et « abreuver nos âmes de lumière, alors que le monde se drape dans l'obscurité ». De la poésie aux arts visuels, en passant par les arts graphiques, où s'entremêlent des créations musicales (liens), les voix multiples subliment le chaos pour redonner vie au sensible.

L'EAU, C'EST LA VIE !
"C'est dans la vie sauvage que repose la sauvegarde du monde."
— HENRY DAVID THOREAU
SOLUTION CUISINE
Fontaine osmose inverse, re-minéralisation, structuration et dynamisation par triple vortexeur exclusif
Solutions maison
Filtres et Anti tartre définitif sans pollution, protège vos machines et prend soin de votre peau !
"Eau Parfaite"
selon les critères de la Bioélectronique de Vincent (BEV) pour boire au quotidien
eauriginelle
l'eau pure à domicile
PRENDRE SOIN DE VOTRE EAU
EST NOTRE MÉTIER.
Fabrication française
www.eauriginelle.com
contact@eauriginelle.com — Tel: +33 (0)9 67 47 41 38

Sélection K

LIVRES

UNE VIE EN QUÊTE DE SENS

Ervin Laszlo, Mama éditions

Deux fois nommé pour le Prix Nobel de la paix, le musicien prodige, philosophe des sciences et activiste humaniste hongrois Ervin Laszlo, auteur de quatre-vingt-trois livres traduits en vingt-deux langues, livre, à l'aube de ses 90 ans, un témoignage sur son parcours de vie extraordinaire, guidé par une quête de sens : quel est le but de mon existence ? À la lumière de la physique quantique, des sciences naturelles et des spiritualités, l'auteur explore avec sagesse les notions de conscience.

LA BATAILLE DU SIÈCLE

Stratégie d'action pour la génération climat

Jon Palais, Les liens qui libèrent

Pour sortir de la sidération et du défaitisme, l'activiste Jon Palais rappelle les grandes victoires des luttes non-violentes et d'actions plus récentes, puis propose des solutions pour faire émerger une écologie populaire. De la résistance à la résilience, la convergence des luttes crée un réseau de solidarités inédit. L'auteur a fait de la citation de Margaret Mead son adage : « Ne doutez jamais qu'un petit groupe de personnes peuvent changer le monde. En fait, c'est toujours ainsi que le monde a changé. »

RÉVÉLEZ VOTRE NATURE !

Petit guide d'écologie intérieure et relationnelle pour un monde meilleur

Pascale Rossler, Vuibert

Avec pédagogie, l'ouvrage propose des clés de réflexion et des exercices pratiques pour mieux se connaître, trouver son équilibre intérieur, afin de mieux cultiver ses relations et trouver son engagement pour le bien commun et la planète.

10 ATELIERS YIN-YANG

Pour faire bouger sa vie professionnelle

Camille Meyer-Léotard, Eyrolles

Comment équilibrer vies pro et perso ? Que faire de ses émotions au travail ? Où puiser ses forces ? De l'intention à l'action, ce guide pratique illustré, conçu comme un cheminement, propose des outils (exercices, yoga...) pour ceux qui souhaitent s'épanouir dans leur vie professionnelle.

FILM

BIENVEILLANCE PAYSANNE

Documentaire d'Oliver Dickinson, sortie le 15 mars

En 2020, l'élevage représentait 69 % des émissions de GES de l'agriculture, elle-même deuxième secteur le plus polluant en France. Plantation d'arbres, emploi de poules comme alternatives aux pesticides, écopâturage... Le réalisateur dresse le portrait d'éleveur·euses aux pratiques vertueuses pour l'environnement. Le but : montrer qu'il existe des solutions face à l'agribashing et faire « un pont entre les mondes urbain et rural ».

bienveillancepaysanne-lefilm.com

Sélection K

LIVRES

BIFURQUER PAR TEMPS INCERTAINS
Laure Noualhat, Tana
Envie de changement ? Comment, où, avec qui, pour quels projets personnels et de société ? À travers le témoignage de citoyens ayant franchi le cap, la journaliste dresse un panorama de nombreuses formes de bifurcation, en ville comme à la campagne, avec leurs joies et leurs difficultés.

2 MILLIARDS DE RÉENCHANTEURS
Le manifeste des acteurs du changement
Aurélie Piet, Marc Luyckx Ghisi, Actes Sud
« Nous sommes plus de deux milliards de réenchanteurs, de citoyennes et de citoyens à réaliser des millions de révolutions tranquilles à travers la planète. Une force colossale qu'aucune puissance […] ne peut arrêter », plaident les auteurs dans ce manifeste dont l'objectif est de fédérer une communauté hétéroclite, disséminée à travers le monde.

KOGI. Leçons spirituelles d'un peuple premier
Lucas Buchholz, Aluna
Peuple racine de Colombie, les Kogis perpétuent un mode de vie ancestral réputé pour sa profonde spiritualité en lien avec le vivant. Dans ce récit à deux voix, entre paroles de Mamos (chamanes) et récit de l'auteur, jeune Allemand venu à leur rencontre, le lecteur voyage dans une altérité qui interroge un autre rapport au monde.

EXPOSITIONS

FÉLINS
Du 22 mars 2023 au 7 janvier 2024, Muséum d'histoire naturelle, Paris
Fascinants, vifs et majestueux, les félins ont toujours suscité crainte et admiration chez l'Homme. Ces animaux sauvages, parfois menacés d'extinction, représentent aujourd'hui trente-huit espèces sur notre planète. Parmi eux, seul le chat est domestiqué. La Grande Galerie de l'Évolution met en lumière la fresque féline pour le plaisir des grands et des petits.
mnhn.fr/fr/expo-felins

PAYSAGES DE L'ÉVEIL
Exposition de Gaia Orion
Du 2 mai au 29 juin, Espace Saint-Martin, Paris
Dans cette nouvelle exposition, l'artiste canadienne Gaia Orion nous invite à explorer des paysages intérieurs de l'être. Inspirés par les espaces naturels qui imprègnent de leur force notre corps et notre esprit, ses tableaux relatent notre interdépendance avec les éléments et les cycles temporels. Épurées, lumineuses et colorées, ses œuvres nous invitent à un voyage méditatif apaisant. **gaiaorion.com**

montcalm
EAU MINÉRALE NATURELLE
DES PYRÉNÉES ARIÉGEOISES
« QUESTION DE SOPHIE »
D'où provient l'eau de Montcalm ?
Sophie.D Consommatrice de Montcalm.
L'équipe de Montcalm vous répond !
« Pour se rendre à la source Montcalm, il faut monter à 1100 m d'altitude au cœur des Pyrénées ariégeoises, dans un environnement vierge de toute pollution humaine.
100% de l'électricité consommée à l'usine de mise en bouteille Montcalm est couverte par des garanties d'origine électricité verte Françaises, produite à proximité. »
Vous avez une question ?
Montcalm vous répond !
Rendez-vous sur :
@eaumontcalm
www.montcalm.fr
bouchon solidaire de sa bouteille, ne se perd pas dans la nature
100% plastique recyclé
Faiblement minéralisée, adaptée aux nourrissons.
Disponible aux formats : 50cl, 1,5L, 5L
Vendue exclusivement en magasins Bio
Sté Exploitation des Eaux du Montcalm 381 016 096 RCS Valenciennes - Visuels non contractuels

Abonnez-vous

CHAQUE TRIMESTRE

- **Des dossiers, enquêtes et reportages de fond** en mode décryptage et solutions
- **De grands entretiens** qui portent plus fort et plus loin les voix – et voies – de ceux et celles qui nous inspirent
- **Des pistes concrètes et DIY** pour passer à l'action
- **Le tout dans une mise en page élégante, et sur un rythme *slow*,** pour prendre le temps de bien s'informer

À VENIR : nos services numériques

- Une newsletter mensuelle
- Un accès aux archives
- Des conférences en ligne…

NOUVELLE FORMULE
148 PAGES

PROCHAIN N°

Henry David Thoreau, sa vie, son œuvre, son héritage
Ses deux livres *Walden ou La vie dans les bois* et *La Désobéissance civile*, ont inspiré de nombreux écologistes.

Couverture provisoire

TARIFS ABONNÉS

1 an	4 n^{os}
☐ 56 € au lieu de ~~59,60 €~~*	
2 ans	**8 n^{os}**
☐ 105 € au lieu de ~~119,20 €~~*	

ACCÉDEZ à une information rigoureuse et indépendante

SOUTENEZ une société coopérative, engagée pour la planète

FAITES des économies grâce à l'abonnement

RECEVEZ vos magazines chez vous, sans manquer un numéro

*Prix de vente au numéro. Prix réservés à la France métropolitaine.

Professionnels et associations ....

Nom ....

Prénom ....

Adresse ....

....

CP .... **Ville** ....

Tél. ....

Courriel ....
(nécessaire à l'enregistrement de votre commande)

Souhaitez-vous recevoir notre newsletter ?
◯ oui ◯ non

Chèque à établir à l'ordre de **SCOP LA MAISON ÉCOLOGIQUE – KAIZEN MAGAZINE**
Bulletin à envoyer au 4 rue Pierre Anne – 14000 Caen

Je m'abonne **ici** ou sur **boutique.kaizen-magazine.com**

Grand déstockage

-50 % SUR LES **HORS-SÉRIES** ET **BIMESTRIELS** SUIVANTS*

FRAIS DE PORT **OFFERTS** à partir de 4 exemplaires achetés

BIMESTRIELS

À 3,25 €

- ☐ **K31** Démocratie, aux actes citoyens !
- ☐ **K32** Transition écologique, l'hymne de nos campagnes
- ☐ **K33** Le couple, une quête d'harmonie
- ☐ **K36** Le sport, l'allié de notre bien-être
- ☐ **K37** Semences, quelles graines pour demain ?
- ☐ **K38** Migrants, changer de regard, changer d'accueil
- ☐ **K43** Le rire peut-il changer le monde ?
- ☐ **K49** Vers la ville verte
- ☐ **K50** Rénovation énergétique, un pilier de la transition
- ☐ **K51** Océans, alerte et solutions
- ☐ **K52** Écologie, comment les jeunes s'engagent
- ☐ **K53** Jouer, quelles vertus ?
- ☐ **K54** Jardiner pour la vie
- ☐ **K56** Néo-artisans, l'âge du faire
- ☐ **K57** Vivre avec la forêt
- ☐ **K58** Le chanvre, l'or vert de demain ?
- ☐ **K59** Ralentir

HORS-SÉRIES

À 6 €

- ☐ **HS 2** La France en transition
- ☐ **HS 3** Comment devenir autonome T. 1
- ☐ **HS 5** Pour une enfance joyeuse T. 1 - 0-6 ans
- ☐ **HS 6** Je suis heureux et sobre
- ☐ **HS 7** Pour une enfance joyeuse T. 2 - 6-12 ans
- ☐ **HS 8** Comment devenir autonome T. 2 100 DIY pour jardiner, décorer, cuisiner, faire ses cosmétiques…
- ☐ **HS 9** Pour une adolescence joyeuse T. 3 - 12-18 ans
- ☐ **HS 10** Souffle quantique
- ☐ **HS 11** Le féminin, au cœur du changement
- ☐ **HS 12** Santé T. 1 Vers une convergence des médecines
- ☐ **HS 13** Avez-vous l'esprit nomade ?
- ☐ **HS 14** Comment devenir autonome T. 3 Zéro déchet de A à Z
- ☐ **HS 15** L'âge d'or : vivre mieux, en bonne santé, et plus longtemps
- ☐ **HS 16** Santé T. 2 Petit manuel de santé au naturel
- ☐ **HS 17** Comment devenir autonome T. 4 Jardiner à la ville, à la campagne
- ☐ **HS 18** Comment devenir autonome T. 5 Créez vos cosmétiques naturels
- ☐ **HS Spécial Anniversaire Pierre Rabhi** Édition 2018 enrichie + DVD

*Jusqu'à épuisement des stocks

RETROUVEZ ICI TOUS **LES NUMÉROS DÉSTOCKÉS**

Montant total : .... €
Frais de port France :
1 exemplaire : 1,50 € - 2 exemplaires : 1,90 € - 3 exemplaires : 2,90 €

COMMANDEZ NOS INCONTOURNABLES ET NOUVEAUTÉS

À 6,50 €

- ☐ **K 60** Écologie : des raisons d'espérer
- ☐ **K 61** Police, justice : des alternatives au système répressif
- ☐ **K 62** Prendre le train pour changer d'air
- ☐ **K 63** Se reconnecter à la nature
- ☐ **K 64** Quelles énergies pour demain ?
- ☐ **K 65** Des menus de fête qui protègent la planète
- ☐ **K 66** Le validisme, la face cachée du capitalisme ?

Numéro spécial à 9,50 €

- ☐ Les 4 saisons végétariennes

À 12 €

- ☐ **HS 19** Hildegarde de Bingen
- ☐ **HS 20** Upcycling maison
- ☐ **Grand Format** Éducation : quelle école pour demain ?
- ☐ **Grand Format** Travailler et entreprendre autrement
- ☐ **Grand Format** Mers & océans
- ☐ **HS** En quête de sens : trouver un travail, une activité qui correspond à vos valeurs
- ☐ **HS** Numérique responsable : l'informatique peut-elle être écologique ?
- ☐ **HS** Oasis. Un nouveau mode de vie

CHRISTOPHE ANDRÉ, MÉDECIN PSYCHIATRE

Women at work[1]

Quand j'étais étudiant, à la fin du siècle dernier, l'Europe était coupée en deux: au-delà de ce qu'on appelait le « rideau de fer », les pays de l'Est (Hongrie, Pologne, Roumanie, ce qui allait devenir l'Ukraine et bien d'autres nations encore) vivaient sous la dictature communiste de l'Union soviétique. Y voyager représentait une expérience étrange: les gens y étaient souvent tristes et renfermés, les magasins vides, les équipements délabrés. Mais à côté de ces aspects désolants, il y avait aussi des choses étonnantes, du moins à mes yeux: par exemple, de nombreuses femmes travaillant sur les chantiers, ramassant les poubelles, accomplissant divers travaux et métiers que l'on considérait à l'Ouest comme pénibles, physiques, et devant être réservés aux hommes. C'était un des bons côtés de ces pays communistes, l'égalité affichée (en vrai, c'était un peu plus compliqué, comme partout ailleurs) entre femmes et hommes. On pouvait admirer cela aussi sur les affiches de propagande, qui montraient toujours des ouvrières aux côtés des ouvriers, des paysannes aux côtés des paysans; et tout le monde avec l'air déterminé et content!

Aujourd'hui, dans notre XXIe siècle débutant, cette réalité se décline aussi en Occident: les femmes jouent au foot et au rugby, travaillent dans la police ou dans l'armée. Ou bien, dans des métiers où elles étaient présentes (travaillant dur mais restant dans l'ombre, comme en médecine ou dans l'agriculture, où elles ne pouvaient être qu'aux ordres des hommes), les femmes sont de plus en plus nombreuses à passer désormais aux postes de commandement. Impensable il y a quelques décennies. Et réjouissant.

Réjouissant d'abord pour le père de trois filles que je suis. Fort égoïstement, j'aurais détesté les voir grandir dans un monde où elles auraient été cloîtrées et empêchées; et je suis heureux de voir que, même s'il reste encore des progrès à accomplir, les choses s'améliorent beaucoup pour la place des femmes dans nos sociétés.

Réjouissant ensuite pour le citoyen que je suis: les femmes en ont bien bavé dans nos sociétés patriarcales, et nos yeux de mâles s'ouvrent, lentement mais sûrement, sur tout ce que nous ne savions ou ne voulions pas voir en matière d'inégalités, moi le premier.

Réjouissant enfin pour l'enfant curieux toujours en moi: je me demande bien ce que va donner notre monde, au fur et à mesure que les femmes y prendront leur place légitime, occuperont peu à peu les fonctions de leur choix, et les postes de décision et de pouvoir.

« Nos yeux de mâles s'ouvrent, lentement mais sûrement, sur tout ce que nous ne savions ou ne voulions pas voir en matière d'inégalités. »

Je me demande si les bêtises, fort nombreuses, que les humains ont accomplies méthodiquement, siècle après siècle, étaient dues à quelque chose de spécifique aux hommes, une histoire d'hormones et de testostérone, ou de neurones et de câblages cérébraux? Et si, du coup, les femmes sauront nous proposer autre chose? Ou bien si ces bêtises relevaient juste du fait que les hommes étaient seuls à disposer du pouvoir d'agir, et donc du pouvoir de nuire? Et si, du coup, les femmes, disposant enfin du même pouvoir, pourront hélas, elles aussi, faire leur part de mal à la planète et à ses habitants?

Bon, en vrai, mon avis, c'est que même si cette seconde option s'avérait juste, avoir vu les gars aussi mal s'y prendre devrait être une source d'inspiration négative (« ne pas faire comme eux ») pour les filles de demain. On verra bien, mais en tout cas, il va être vraiment intéressant, ce XXIe siècle! ■

1. Femmes au travail.

→ Pour aller plus loin

Christophe André, *Consolations. Celles que l'on reçoit et celles que l'on donne*, éditions de L'Iconoclaste, 2022